Václav Havel

VON WELCHER ZUKUNFT
ICH TRÄUME

Aus dem Tschechischen
von Joachim Bruss

Rowohlt

Veröffentlicht im
Rowohlt Taschenbuch Verlag GmbH,
Reinbek bei Hamburg, Juli 1996
Die Serie dieser spontan geschriebenen
Anmerkungen wurde dem Band
«Sommermeditationen»
entnommen.
Copyright © 1992 by
Rowohlt · Berlin Verlag GmbH, Berlin
Die tschechische Originalausgabe
erschien 1991 unter dem Titel
«Letní Přemítání» bei Odeon, Prag
Alle deutschen Rechte vorbehalten
Umschlaggestaltung
Beate Becker/Gabriele Tischler
Satz Sabon (Linotronic 500)
Gesamtherstellung Clausen & Bosse, Leck
Printed in Germany
200-ISBN 3 499 22066 0

INHALT

Die Suche nach einem neuen
europäischen Zuhause
7

Von welcher Zukunft
ich träume
39

Politik als
praktizierte Sittlichkeit
75

DIE SUCHE NACH EINEM NEUEN
EUROPÄISCHEN ZUHAUSE

Der Sturz des totalitären Systems beendete auch die lange Ära unserer Stellung als Satellit. Es war für mich fast überraschend, wie schnell und schmerzlos das geschah. Angesichts der dramatischen Geschehnisse in Mittel- und Osteuropa und der stürmischen Entwicklung im eigenen Land hatte die sowjetische Führung offenbar begriffen, daß die Erhaltung des bisherigen Systems der sowjetischen Hegemonie in diesem Teil Europas sinnlos geworden war. Ich weiß nicht, welche Vorstellungen Gorbatschow zu Beginn seiner Perestroika hatte, aber gegen Ende des Jahres 1989 war ihm offenbar schon klargeworden, daß die emanzipatorische Entwicklung in den ehemaligen sowjetischen Satelliten nicht mehr aufzuhalten war. Viele ehemalige sowjetische Funktionsträger haben damit aber noch nicht ihre Vorurteile und ihre bipolare Sicht der Welt abgelegt; immer noch empfinden manche die NATO als ihren potentiellen Gegner, und die Vorstellung, die NATO könnte, um die ehemaligen Satelliten der Sowjetunion erweitert, bis in ihre unmittelbare Nähe vorrücken, dürfte ihnen erhebliches Unbehagen bereiten. Trotzdem habe ich weder während unserer Revolution noch unmittelbar danach direkte oder sichtbare Versuche bemerkt, in unsere politischen Angelegenheiten einzugreifen oder gar die Legitimität der neuen demokratischen Macht nicht anzuerkennen.

Fast über Nacht wurden wir zu einem politisch unabhängigen Land.

Damit will ich nicht sagen, daß uns die Freiheit als Geschenk von der sowjetischen Führung gegeben oder gar angeordnet worden ist. Wir haben sie uns nehmen und verwirklichen müssen, was wir auch getan haben. Ich will nur sagen, daß wir auf keinen größeren Widerstand gestoßen sind.

Die Sowjets hätten es ohne Zweifel lieber gesehen, wenn das Jakeš-Regime von einer reformkommunistischen (Perestroika-)Führung abgelöst worden wäre, doch als dann bei uns das geschah, was geschah, nahmen sie es einfach zur Kenntnis und versuchten nicht, etwas dagegen zu unternehmen. Ich habe sogar Zeichen einer gewissen Zufriedenheit registriert, weil unsere Politik in keiner Weise militant antisowjetisch war, sondern wir im Gegenteil mit der Sowjetunion freundschaftliche, auf dem Prinzip der Gleichberechtigung gegründete Beziehungen anstrebten. (Ich habe mein erstes langes Gespräch mit Präsident Gorbatschow lebhaft in Erinnerung: Mir schien, er betrachte mich zunächst mit einem gewissen Mißtrauen, als ein exotisches – Dissident! – Geschöpf, allmählich aber taute er auf und wurde offener, weil er erkannte, daß ich ein ganz normaler Mensch bin.)

Natürlich ist nicht alles ganz glatt gegangen. Zum Beispiel die Verhandlungen über den Abzug der sowjetischen Truppen, die wir unmittelbar nach der Revolution begannen, waren in keiner Weise leicht, und ich halte es für einen großen Erfolg unserer Außenpolitik, daß dies gelungen ist und wir heute keinen einzigen Sowjetsoldaten mehr bei uns haben. Auch die Verhandlungen über die Auflösung des Warschauer Paktes und des RGW waren nicht leicht; in der sowjetischen Politik spielt traditionell das Prestige eine große Rolle, und als die Sowjets schon begriffen hatten, daß sie diese Organisationen nicht würden retten können, ging es ihnen zumindest darum, daß deren Auflösung nicht als Niederlage angesehen wurde. (Unter anderem: nicht nur Radikale haben uns vorgeworfen, daß wir nicht sofort aus dem Warschauer Pakt ausgetreten sind. Wir haben es aber aus vielen Gründen für weiser gehalten, nicht diesen Weg der Konfrontation zu gehen. Wir wollten uns die Möglichkeit des Einflusses auf das zukünftige Schicksal dieser Organisation, die uns schon einmal überfallen hat und die uns deshalb in keinem Falle gleichgültig sein konnte, erhalten und uns in ihr – zusammen mit ihren anderen Mitgliedern – für ihre baldige Auflösung engagieren. Die Entwicklung hat bestätigt, daß unsere Politik richtig war: Der Warschauer Pakt existiert nicht mehr, und ich hatte ein eigenartiges Gefühl der Genugtuung, als ich seiner letzten «Selbstauflösungssitzung» in Prag präsidierte.)

Die Tschechoslowakei ist also nach Jahrzehnten wieder ein selbständiges, mündiges Subjekt der internationalen Politik geworden und steht nun vor der Aufgabe, sich in diesem mit Tausenden von Interessen unterschiedlichster Art gepflasterten Terrain zurechtzufinden und dort ihren Platz, ihre neue international-politische Identität zu suchen.

Unabhängigkeit ist nicht nur ein Zustand, sie ist eine Aufgabe. Besonders eine so frische Unabhängigkeit ist eine sehr anspruchsvolle Aufgabe. Sie muß mit Inhalt und Sinn gefüllt werden, ihr muß eine konkrete Gestalt gegeben werden, und es muß erreicht werden, daß sie nicht nur eine neue Erschwernis ist, sondern daß sie im Gegenteil auf Dauer allen Bürgern Nutzen bringt. Sie muß als etwas erfahren werden, um das es zu kämpfen gelohnt hat, das zu verteidigen Sinn hat und das man deshalb achten muß.

Die eigene Unabhängigkeit mit Inhalt zu füllen bedeutet für uns heute vor allem, unser neues Zuhause in Europa und in der Welt zu suchen, unsere neuen Bindungen zu unserer Umgebung.

Wir wollen niemandes Satellit mehr sein. Zugleich wollen wir aber auch nicht irgendwo im luftleeren Raum schweben und glauben, wir könnten uns selbst genügen und brauchten auf niemanden Rücksicht zu nehmen. Um so weniger wollen wir eine seltsame Art von Pufferzone oder Niemandsland zwischen den explosiv sich ändernden Staaten der ehemaligen Sowjetunion und dem demokratischen Westeuropa sein.

Unser Schicksal ist aufgrund unserer geographischen Lage mit dem weiteren europäischen Geschehen und dem in der Welt weitaus enger verbunden als das Schicksal vieler anderer Länder, die nicht an so exponierter Stelle liegen.

Seinen Platz auf der politischen Landkarte zu suchen bedeutet deshalb in unserem Fall, daß wir – vielleicht mehr als andere – über den Horizont unserer eng partikularen Interessen hinausschauen müssen und daß wir eine globalere Vorstellung von der wünschenswerten allgemeinen Zukunft entwikkeln und uns in deren Sinne engagieren müssen.

Unsere Außenpolitik hat sich von Anfang an darum bemüht. Sie geht dabei etwa von diesen drei Gedanken aus:

1. Nachdem der Eiserne Vorhang gefallen ist, ist auch das grundlegende Hindernis gefallen, das der europäischen Einigung im Wege stand, und es muß intensiv alles unterstützt werden, was zu einer derartigen Einigung beiträgt. Unser Kontinent hat heute – eigentlich zum erstenmal in seiner Geschichte – die reale Chance, sich zu einer großen Gemeinschaft zu entwickeln, die auf dem Prinzip der «Einheit in der Vielfalt» gegründet ist, und die Entwicklung in diese Richtung ist nicht nur augenfällig in seinem eigenen existentiellen Interesse (aus politischen, wirtschaftlichen, Sicherheits- und allgemein kulturellen Gründen), sondern liegt sogar im allgemeinen Interesse: Nachdem Europa über Jahrzehnte hinweg die übrige Welt in tödliche Konflikte gestürzt hat, besteht jetzt die Hoffnung, daß es im Gegenteil

– als eine sich einigende Formation – auf seine Umgebung im Geist der friedlichen Zusammenarbeit wirken kann.

2. Diese Gemeinschaft muß sich voll auf die geistigen und politischen Werte stützen, die in den letzten Jahrzehnten im demokratischen Westeuropa erhalten, gepflegt und praktisch erfüllt worden sind. Also auf solche Werte, wie es die Achtung vor den Bürgerrechten und -freiheiten, der politische und wirtschaftliche Pluralismus, die parlamentarische Demokratie, die Dezentralisierung der örtlichen Verwaltung und Selbstverwaltung und alles das ist, was damit zusammenhängt und daran anknüpft. Ich bin überzeugt, daß dies heute die einzig gangbare Alternative für ganz Europa ist. Dabei geht es nicht um die Anpassung an etwas Fremdes, sondern im Gegenteil um die Rückkehr von Völkern, die gewaltsam den eigenen Traditionen, Wurzeln und Idealen entfremdet wurden, zu sich selbst, um ihre Rückkehr auf einen Weg, den sie schon einmal gegangen sind oder den zu gehen sie gewünscht haben oder wozu sie potentiell vorherbestimmt waren als Bewohner desselben europäischen geistigen Raumes. (So muß auch der populäre Slogan von unserer «Rückkehr nach Europa» verstanden werden.)

3. Mit Europa ist zivilisatorisch eng der nordamerikanische Kontinent verbunden, dieser sein jüngerer Bruder. Amerika hat im zwanzigsten Jahrhundert dreimal geholfen, Europa vor der Knechtschaft zu bewahren, dreimal hat es der Freiheit und der Demokratie geholfen, in Europa zu siegen. Es kann uns zwar nicht auf Dauer und bis ins Unendliche retten (und das wird, wollen wir hoffen, auch gar nicht nötig sein), doch trotzdem ist es mit uns existentiell so verbunden – durch seine Kultur, seine Werte und seine Interessen –, daß die Integration und eine bestimmte Emanzipation Europas diese natürliche Verbindung entschieden nicht auseinanderreißen sollten. Die friedliche Verbindung dieser beiden Weltteile könnte im Gegenteil in der Zukunft einer der hauptsächlichen stabilisierenden Faktoren im globalen Maßstab sein.

4. Das Ende der sowjetischen Großmachthegemonie bedeutet nicht, daß die Völker der ehemaligen Sowjetunion von Europa beziehungsweise von der euroamerikanischen Welt abgeschnitten sein und irgendwo hinter ihre Grenzen verjagt werden sollten. Es bedeutet im Gegenteil, daß es notwendig ist, ihren Weg zur Demokratie zu unterstützen. Dieser Weg liegt im Interesse der ganzen Welt. Die große Anspannung der demokrati-

schen Kräfte, aufgrund deren der Putsch vom August mißlungen ist, war offenbar ein Wendepunkt auf diesem Weg. Ohne daß ich irgendwie die historische Bedeutung von Gorbatschows Perestroika mindern möchte, würde ich sagen, daß sie nur ein Vorspiel war und daß erst jetzt der erste Akt des eigentlichen Dramas beginnt, nämlich das Drama der wirklichen und konsequenten Veränderung dieses Reiches in eine Gemeinschaft freier Nationen und demokratischer Staaten. Ich muß sicherlich nicht betonen, wie wichtig es auch für unsere Zukunft ist, daß dieses Drama gut, schnell und friedlich verläuft.

Verschiedene Meinungsumfragen zeigen, daß die Öffentlichkeit unsere Außenpolitik unterstützt und sie günstig bewertet. Und wirklich: im Rahmen der Möglichkeiten, die die heutige Situation bietet, ist uns einiges gelungen. Wir haben mit allen europäischen demokratischen und mit vielen nichteuropäischen Ländern wirklich freundschaftliche Beziehungen erneuert oder aufgenommen; mit einigen von ihnen hatten wir seit der Entstehung unseres Staates so gute Beziehungen nicht (USA), mit einigen hatten wir so gute Beziehungen niemals. Die Tschechoslowakei ist verhältnismäßig schnell zu einem respektierten unabhängigen Land geworden, das sich allgemeiner Sympathien und Interesses erfreut, Vertrauen genießt, ja manche vertrauen auf sie als auf einen stabilisierenden Punkt in unserer unruhigen Region. Unsere verschiedenen internationalen Initiativen werden günstig aufgenommen, mancher Gedanke, der zuerst von tschechoslowakischen Politikern oder unserer Diplomatie ausgesprochen wurde, ist angenommen und auf der internationalen Bühne heimisch geworden.

Langfristig gesehen sind dies alles nur erste Schritte. Die Hauptsache steht uns noch bevor.

Das gilt auch für unsere «Rückkehr nach Europa».

Eines der heute ältesten Zentren der europäischen politischen Kultur ist der Europarat. Seine Aufgabe ist weder die wirtschaftliche Integration noch die gemeinsame Sicherheit, deshalb steht er etwas im Schatten anderer europäischer Organisationen. Trotzdem ist dies der Ort, an dem über Jahre hinweg die unterschiedlichsten europäischen Standards in Fragen der Menschenrechte und der Rechtsordnung entstanden und kultiviert wurden, wo Prinzipien der Bürgergesellschaft artikuliert wurden, wo sich ein breiter

politischer Dialog entwickelte. Es ist bislang
einer der wenigen Orte, an dem die meisten
europäischen Länder sich untereinander mit
ihren politischen Problemen konfrontieren,
Erfahrungen austauschen, verschiedene
Möglichkeiten der Zusammenarbeit suchen
und gemeinsame Normen schaffen können.
Die Tschechoslowakei ist schon vor einiger
Zeit Mitglied des Europarats geworden. Wie
weit aber ist es noch, bis sie alles, was der
Europarat beschlossen hat, anwenden und in
ihre Rechtsordnung aufgenommen haben
wird! Wie weit ist es noch bis zu jener politischen Kultur, die der Europarat durch seine
Dokumente verkörpert!

Die Formation, die bisher in ihrer Integration am weitesten fortgeschritten ist und
die sich am dynamischsten entwickelt hat, ist
die Europäische Gemeinschaft. De facto beginnt hier schon eine Art Zusammenschluß
der Staaten, weil ihr die zwölf Mitglieds-
länder schon viele Kompetenzen übertragen
haben. Und sie bereiten sich darauf vor, ihr
weitere zu übertragen: die Europäische Gemeinschaft bereitet, wie bekannt, eine politische und Währungsunion vor. Vielleicht ist
das der Keim zukünftiger Vereinigter Staaten Europas. Wir verhandeln bislang mit der
Europäischen Gemeinschaft nur über ein

Assoziationsabkommen. Dieses Abkommen wird in diesem Jahr abgeschlossen. Es wird für uns weitreichende Bedeutung haben, besonders weil es «asymmetrisch» sein wird, das heißt, daß es uns den Export erleichtert und zugleich in bestimmten Bereichen den Schutz der heimischen Produktion vor der Konkurrenz aus den Einfuhren ermöglicht. Wie weit ist aber noch unser Weg bis zu einer Vollmitgliedschaft! Ist doch bislang auch der Weg für einige Länder mit entwickelter Marktwirtschaft wie Österreich oder Schweden noch weit! Welch weiten Weg werden wir noch gehen müssen, bevor wir die Hoffnung haben können, daß auch wir in den europäischen Gemeinschaften unser Zuhause beziehungsweise eine der Schichten unseres Zuhauses finden! Es wird allerdings auch sehr an der zukünftigen Politik und Gestalt dieser Formation liegen; es wird jetzt viel darüber gesprochen, weil auch die Europäische Gemeinschaft die völlig neue Situation auf unserem Kontinent reflektieren und darüber nachdenken muß, wie sie darauf reagieren soll. Es ist nicht ausgeschlossen, daß sie mit der Zeit die Institution einer assoziierten Mitgliedschaft einrichtet oder etwas Ähnliches, das auch weiteren Ländern den beschleunigten Beitritt ermöglicht.

Wir sind Mitglieder der regionalen Vereinigung Hexagonale. In der zukünftigen europäischen Architektur werden solche regionalen Gruppierungen ohne Zweifel ihre Bedeutung haben, weil sie die Zusammenarbeit von Ländern sicherstellen, die unmittelbar aneinandergrenzen und gemeinsame Sorgen haben (es scheint, als ob der Nordische Rat, ebenfalls eine regionale Gruppierung, gut funktioniert). Doch auch die Hexagonale steckt noch in den Kinderschuhen, in der Phase der Vorbereitung gemeinsamer Projekte; wie sie in der Praxis funktionieren wird, weiß bisher niemand, es gibt Skeptiker, die an ihren Perspektiven zweifeln.

Die Tschechoslowakei ist seinerzeit mit einer Initiative zur engeren Zusammenarbeit einer «Troika» hervorgetreten, dreier Nachbarstaaten mit ähnlicher Vergangenheit und ähnlichen Problemen: Polen, die Tschechoslowakei und Ungarn. (Neben manchen anderen Gründen brachten uns dazu auch unsere historischen Erfahrungen: Hitler ist die Expansion sicherlich leichter geworden, weil gerade diese drei Länder nach dem Ersten Weltkrieg keine Beziehung zueinander gefunden haben und so ihr existentielles Interesse vernachlässigten.) Viele Menschen haben damals an die Möglichkeit einer solchen

Zusammenarbeit nicht geglaubt und daran gezweifelt, daß diese drei zerbrechlichen, unerfahrenen und in ihren eigenen Problemen aufgehenden Demokratien sich überhaupt auf etwas werden einigen können, geschweige denn auf eine «Koordinierung» ihres Weges nach Europa (jedes dieser drei Länder ist angeblich in einer so schwierigen Situation, daß es zu nichts anderem als an sich selbst und seine augenblicklichen Interessen zu denken fähig ist). Diese Menschen haben sich geirrt, die Zusammenarbeit der «Troika» beginnt Konturen zu zeigen, alle drei Länder beginnen zu begreifen, daß sie in vielen Fragen mehr erreichen können, wenn sie zusammenarbeiten, als wenn jedes von ihnen auf eigene Faust handelt. Nichtsdestoweniger gilt auch hier, daß wir erst in den Anfängen sind und daß der Weg zu einer Art Benelux wahrhaftig noch weit ist.

In Prag fand vor einiger Zeit auf Initiative von Präsident Mitterrand eine Konferenz über eine europäische Konföderation statt. Selbstverständlich geht auch dieser Gedanke in die richtige Richtung: zur europäischen Einigung. Bislang ist das jedoch in der Tat bloß eine Idee, ein Thema zum Nachdenken. Was daraus entsteht, ist schwer vorherzusagen.

Wenn ich zusammenfassen darf: Wohin ich auch schaue, ich stelle fest, daß wir erst am Anfang eines langen und schweren Weges stehen. Doch ich bezweifle nicht: In der kurzen Zeit, in der ich in der praktischen Politik tätig bin, habe ich schon begriffen, daß ein Politiker nie ungeduldig sein darf und daß er eigentlich nie mit ruhigem Gewissen sagen kann, etwas sei vollbracht. Die Politik ist ein niemals endender Prozeß. Zunächst wollte ich – noch vom wilden Rhythmus unserer Revolution beeinflußt – alles sofort haben und war wütend, daß das nicht ging. Sicher, einige Probleme hätten früher gelöst werden können, und manches ist dadurch verdorben worden, daß ich nicht dickschädelig genug war, eine sofortige Lösung zu erzwingen. Doch habe ich erkennen müssen, daß die politische Zeit eine andere ist als die unseres Alltags. Nichts wird in der Politik sofort bewertet. Alles braucht dort seine Zeit. Und so werden auch die ersten Schritte, die wir auf dem Wege zu unserem neuen «Zuhause» getan haben, erst mit der Zeit gewürdigt werden.

In Sicherheitsfragen war der Warschauer Pakt lange Zeit unser «Zuhause». Es ähnelte zwar mehr einer Gefängniszelle, aber in gewisser Hinsicht war es ein Zuhause, so wie die Zelle dies ja auch von einem gewissen Gesichtspunkt aus ist. Um unsere Sicherheit mußten wir uns damals – als Staat – nicht kümmern: das taten andere, und zwar auf ihre Weise, uns genügte es, zu gehorchen und Anweisungen auszuführen. Dieses «Zuhause» sind wir losgeworden. Wir müssen uns also selbst um unsere Sicherheit kümmern.

Das erste, was jedem dazu einfällt, ist der Eintritt in die Nordatlantische Allianz. Ich höre diesen Rat immer wieder, sogar auch von Abgeordneten. Das ist aber nicht so einfach, wie manche sich das denken. Die NATO ist nämlich kein Briefmarkensammler- oder Taubenzüchterverein, wo man bloß seine Anmeldung hinschickt, und dann wird man aufgenommen. In der NATO meldet man sich überhaupt nicht an. Die NATO kann höchstens jemanden hinzuladen. Und im Moment hat sie nicht die Absicht, jemanden hinzuladen, erst recht kein ehemaliges Mitglied des Warschauer Paktes. Sie hat dafür ihre eigenen und vernünftigen Gründe, darunter auch den, daß sie sehr gut weiß, wie sie von manchen ehemaligen sowjetischen Führern bis heute angesehen wird und welche Reaktion es hervorrufen könnte, wenn sie sich den Grenzen des früheren Imperiums näherte. Aber auch wenn eine Aufnahme möglich wäre, so wäre dies doch eher ein symbolischer Akt, eine faktische Mitgliedschaft wäre es nicht. Dazu müßten wir kompatible Befehls- und Kommunikationssysteme und Ausrüstung haben, was auf Jahre hin ein milliardenschweres Vergnügen wäre. Aber es geht nicht nur darum. Eine Mitgliedschaft in der NATO verlangt auch andere kompatible Dinge, von der Wirtschaft bis zu einem mehr oder weniger stabilen politischen System. Was die NATO angeht, hatten wir eine einzige Möglichkeit: mit ihr Zusammenarbeit anzuknüpfen und die gegenseitigen Beziehungen Schritt für Schritt zu vertiefen. Das tun wir selbstverständlich und werden es auch weiterhin tun.

Übrigens stellt auch die NATO auf dem Hintergrund der neuen europäischen Situation Überlegungen über ihre Zukunft an. Sie hat schon einige Dokumente angenommen, aus denen deutlich wird, daß sie ihre Militärdoktrin und überhaupt ihre Konzeption ändert. Das ist verständlich: Europa ist nicht mehr in Blöcke geteilt, die gegeneinanderstehen, die westlichen Länder sind nicht mehr unmittelbar von einer Gefahr aus dem Osten bedroht. Zur Auflösung der Allianz besteht bislang kein Grund. Erstens ist das militärische Potential auf dem Gebiet der ehemaligen Sowjetunion immer noch riesig, und wirklich absehen, wie die Entwicklung in dieser unruhigen Region verlaufen wird, kann bisher niemand. Zweitens sind auch aus anderen Teilen der Welt Bedrohungen vorstellbar. Ich wundere mich überhaupt nicht, weder über die Amerikaner noch über die Europäer, daß sie es mit der Auflösung der NATO gar nicht eilig haben. Und das Argument, weil der Warschauer Pakt nicht mehr existiere, verliere auch die NATO ihren Sinn, kann überhaupt nicht bestehen. Die NATO ist eine Verteidigungsorganisation und demokratisch: Man kann jederzeit aus ihr austreten, und ihre Mitglieder sind gleichberechtigt. Real hat und wird begreiflicherweise immer Amerika mehr zu sagen haben als Portugal, doch trotzdem geschieht Portugal nichts, wenn es sich entschließt, auszutreten oder Basen der NATO aus seinem Land zu verweisen.

Trotz alldem denke ich aber andererseits, wenn sich die Situation in den Staaten der ehemaligen Sowjetunion positiv entwickelt und wenn die Integrationsprozesse in Europa gute Fortschritte machen, dann wird sich auch die NATO wandeln. Ich halte es nicht für ausgeschlossen – und mehrmals habe ich schon darüber gesprochen –, daß sie eines Tages übergeht in eine neue, gesamteuropäische Sicherheitsstruktur oder daß sie zumindest zu einem Pfeiler einer solchen Struktur wird, eine zwar selbständige, doch mit dem gesamteuropäischen Sicherheitssystem eng verbundene Organisation. Ich weiß nicht, wie lange es noch notwendig sein wird, daß amerikanische Einheiten in Europa stationiert sind (übrigens ist ihre Anzahl in der letzten Zeit radikal vermindert worden); der Golfkrieg hat gezeigt, daß ihr Aufenthalt in Europa immer noch seinen Sinn haben kann; ob sie aber nun hier sein werden oder nicht, eines scheint mir sicher: die Vereinigten Staaten und Kanada sollten immer eine bestimmte Sicherheitsverbindung mit Europa haben.

Die bisher einzige Institution, die alle europäischen Staaten umfaßt, den gesamten Raum der ehemaligen Sowjetunion und auch Amerika und Kanada, ist die Konferenz über Sicherheit und Zusammenarbeit in Europa. Auf diese Institution haben wir im Sicherheitsbereich von Anfang an sehr gesetzt (für unsere vielfältigen Initiativen auf diesem Boden sind wir im übrigen mit der Einrichtung des Ständigen Sekretariats der KSZE in Prag belohnt worden). Es ist sicherlich ein Gebilde, das Perspektive hat, das in sich die Möglichkeit birgt, einmal wirklicher und hauptsächlicher Garant der europäischen kollektiven Sicherheit zu werden, vielleicht gerade das, dem die NATO «dienen» wird oder in das sie hineinwächst. Die Perspektive des Helsinki-Prozesses machen sich immer mehr Länder und Politiker bewußt (darunter sogar auch solche, die ihm noch unlängst skeptisch gegenüberstanden). Die KSZE intensiviert und vertieft ihre Arbeit ebenfalls, sie institutionalisiert sich, schafft neue Mechanismen. Während die KSZE bisher nur Dokumente annehmen konnte, die empfehlenden Charakter gegenüber den Regierungen hatten, könnte es in der Zukunft um Dokumente verpflichtenden Charakters gehen, deren Erfüllung einer Kontrolle unterliegt und deren Nichterfüllung Sanktionen nach sich zieht. Das würde heißen, eine neue Generation von Helsinki-Verträgen zu schaffen, die diese Institution zum Typ einer lockeren Allianz verändert und die die Grundlage eines wirklichen kollektiven Sicherheitssystems wäre. Übrigens wird schon heute von der Möglichkeit der Aufstellung von «Helsinki»-Friedenseinheiten gesprochen (dieser Vorschlag fiel im Zusammenhang mit den Kämpfen in Jugoslawien). Im November des vorigen Jahres war ich auf dem Gipfeltreffen der KSZE in Paris, in der die Pariser Charta unterzeichnet wurde, ein wichtiges und gutes Dokument, das sogar eine derartige Entwicklung des Helsinki-Prozesses in einem gewissen Maße ermöglicht oder zumindest vorsieht.

Der Helsinki-Prozeß ist also ein weiteres «Eisen im Feuer». Und dieses Eisen betrifft bei weitem nicht nur die Sicherheitsgarantien; es ist einer der möglichen Wege auch zu einer wirklichen gesamteuropäischen politischen Integration; wer weiß, ob der Helsinki-Prozeß nicht einmal der vertragliche Rahmen oder Garant oder die Umgebung einer entstehenden europäischen Konföderation wird. Ich kann mir – wenn ich meiner Phantasie die Zügel schießen lasse – ein Europa vorstellen, das sich konföderiert, dessen Garant der Helsinki-Prozeß mit einem eigenen inneren Garanten in Form einer transformierten NATO ist, dessen politisches Zentrum der Europarat und dessen faktische Triebkraft die allmählich sich ausweitende Europäische Gemeinschaft ist. Ich glaube, wenn einmal so etwas existieren wird, dann können wir mit ruhigem Gewissen sagen, wir haben unser neues europäisches Zuhause gefunden.

Bis zu alldem ist es noch ein weiter Weg. Das alles braucht Zeit, viel fleißige Arbeit, Ausdauer, Geduld, Verhandlungsfähigkeit und allerdings auch guten Willen auf allen Seiten.

Es scheint, daß die Welt und vor allem Europa nicht nur im Bereich der Sicherheit, sondern bei allen Arten der Zusammenarbeit vom Prinzip der bilateralen zu dem multilateraler Verträge, Allianzen und überhaupt multilateraler Formationen übergeht. Dies ist eine logische und gute Entwicklung, die dem Charakter der heutigen Zeit entspricht, in der eigentlich alles global wird, alles alle betrifft und wichtige Fragen sich immer seltener isoliert lösen lassen.

Trotzdem sind für uns, die wir unsere neue internationale Stellung eigentlich von Null aus aufbauen, sozusagen auf der grünen Wiese, in diesem Moment unsere in Vorbereitung befindlichen bilateralen Verträge sehr wichtig, deren Netz relativ schnell entstehen sollte und die uns erste Auffangpunkte geben sollten, erste Signale der Sicherheit, die Fundamente unseres entstehenden Hauses. Solche Verträge sind sicherlich nicht der Höhepunkt unserer Bemühungen (um so eher, als wir mit bilateralen Verträgen in unserer modernen Geschichte nicht die besten Erfahrungen gemacht haben), sie können aber zu einem Fundament werden, auf dem mit dem Bauen angefangen werden kann.

In jedem dieser Verträge ist oder sollte in irgendeiner Form ein Sicherheitselement enthalten sein: Die Verträge sollten die Möglichkeit zu sofortigen Konsultationen im Falle einer Bedrohung enthalten, sie sollten auch die Möglichkeit gegenseitiger Hilfe oder Unterstützung zulassen. Alle sollten sie den heutigen europäischen Standards entsprechen, nach Möglichkeit gegenseitig kompatibel sein, sich auf die grundlegenden gemeinsam unterzeichneten internationalen Dokumente berufen und die zukünftige europäische Integrationsentwicklung vorsehen oder signalisieren, einschließlich der Aussicht auf Unterstützung beim Beitritt zu internationalen Gemeinschaften.

Bisher ist der Vertrag mit Italien unterzeichnet. Darin ist wichtig – insbesondere im Hinblick auf den in Vorbereitung befindlichen Vertrag mit Deutschland – die Erklärung der Nichtigkeit des Münchner Abkommens von Anfang an.

Zur Unterschrift vorbereitet ist der Vertrag mit Frankreich, in dem es ebenfalls einen «Paragraphen München» gibt.

In nächster Zeit werden wir offenbar neue Verträge mit Ungarn und Polen unterzeichnen. Wir möchten, daß beide eine Sicherheitsklausel enthalten, die die Möglichkeit der Hilfe zuläßt für den Fall, daß einer der Partner angegriffen wird.

Bald sollte ebenfalls der Vertrag mit Deutschland unterzeichnet werden. Dieser wird besonders wichtig sein: Er sollte endlich unsere gegenseitigen Beziehungen als diejenigen zweier demokratischer Staaten «normalisieren», die ein gemeinsames Leben im einheitlichen Europa der Zukunft vorsehen. Trotz aller Spekulationen auf beiden Seiten ist dieser Vertrag auf gutem Wege, und alle, die bei uns fürchten, daß das Eigentum der nach dem Krieg ausgewiesenen Deutschen der Rückgabe unterliegen wird, kann ich beruhigen: Der Vertrag wird etwas Derartiges nicht enthalten. Aber daß wir vielleicht einen bestimmten entgegenkommenden Schritt den Sudetendeutschen gegenüber vorschlagen werden, verberge ich nicht. Es ist in unserem eigenen Interesse einzugestehen, daß die Abschiebung – und vor allem die Art ihrer Durchführung – eine durch und durch zweifelhafte Antwort auf die Verbrechen des Nazismus und der Henlein-Gefolgsleute war. Wenn wir einen solchen Schritt unternehmen, wird das selbstverständlich nicht auf Kosten unserer Bürger gehen, die nichts für die Entscheidungen und Taten ihrer Vorfahren können; Unrecht darf nie mit neuem Unrecht vergolten werden.

Verträge, verschiedene Initiativen auf dem internationalen Feld, die vielfältigsten konkreten Schritte der Außenpolitik und der Diplomatie müssen natürlich ihre vereinheitlichenden Ziele haben.

Über die Ziele unserer Außenpolitik habe ich gesprochen.

Diese Ziele setzen jedoch – wenn sie einen gemeinsamen Grund und Sinn haben und logisch miteinander verknüpft sein sollen – noch etwas voraus, etwas, was ich den Geist der Außenpolitik des Staates nennen möchte. So wie der Staat selbst – darauf komme ich übrigens noch – seinen Geist, seine Idee, seine eigene geistige Identität haben muß, muß dies auch seine Außenpolitik haben.

Aus diesem Geist heraus kann erst alles Weitere erwachsen. Dieser Geist ist das, was das Gesicht und geradezu den Stil der Außenpolitik bestimmt. Einzig dieser Geist kann schließlich unserer Unabhängigkeit jenen konkreten Inhalt, Sinn und das Profil geben, das wir brauchen.

Wie also ist der Geist unserer Außenpolitik, und wie sollte er sein?

Ich meine, daß seine grundlegenden Umrisse schon in der Opposition der letzten zwanzig Jahre entstanden und geformt worden sind, in unserer damaligen Betonung der Menschenrechte und in unserem gewaltlosen Kampf für ihre Achtung.

Unsere Politik – die Außen- ebenso wie die Innenpolitik – darf nach meiner festen Überzeugung nie mehr auf einer Ideologie begründet sein, sondern muß aus Ideen erwachsen – und vor allem aus der Idee der Menschenrechte, so wie sich die moderne Menschheit zu ihnen vorgearbeitet hat.

Die Freiheit des einzelnen, die Gleichheit und Universalität der Bürgerrechte (zu denen auch das Recht auf Privateigentum gehört), die Konzeption des Rechtsstaates und der Herrschaft des Gesetzes, das demokratische politische System, die Selbstverwaltung, die Trennung von Legislative, Exekutive und Judikative, die Bürgergesellschaft – das alles erwächst eigentlich aus dieser Idee, und das alles erfüllt sie.

Die Menschenrechte sind universell und nicht teilbar. Unteilbar ist auch die menschliche Freiheit: Wenn sie irgend jemandem auf der Welt bestritten wird, wird sie damit dem

Menschen als solchem bestritten und damit indirekt allen Menschen. Deshalb ist es unmöglich, zu Bösem oder Gewalt zu schweigen; Schweigen ist deren Unterstützung. (Die Tschechoslowakei hat ihre bitteren Erfahrungen mit der Politik der Konzessionen gegenüber dem Bösen gemacht, dieser Politik ist seinerzeit unsere staatliche Existenz geopfert worden, und schon deshalb müssen wir gerade bei uns ein feines Sensorium für das Prinzip der Unteilbarkeit der Freiheit haben; unsere Einheit haben wir in den Persischen Golf geschickt, weil wir uns wieder zu diesem Prinzip bekennen, und nicht, um den Amerikanern zu gefallen.)

Die Achtung vor der Universalität der Menschen- und Bürgerrechte, deren Unverzichtbarkeit und Unteilbarkeit ist allerdings nur dann möglich, wenn der Mensch begreift, daß er – zumindest im philosophischen Sinne – «für die ganze Welt verantwortlich» ist und daß er sich so verhalten muß, wie sich alle verhalten sollten, und zwar ohne Rücksicht darauf, ob sich alle auch so verhalten.

Diese Art der Verantwortung erwächst aus dem Erlebnis gewisser moralischer Imperative, die den Menschen zwingen, über den Horizont seines persönlichen Interesses hinauszugehen und bereit zu sein, wann auch immer, allgemein das Gute zu verteidigen, möglicherweise auch für es zu leiden. So, wie in diesem sittlichen Boden seinerzeit unser Dissidententum verankert war, erwächst aus ihr und sollte vor allem weiter der Geist unserer Außenpolitik wachsen.

Sie sollte also keine egoistische, rücksichtslose, geistlos pragmatische Politik sein, die bereit ist, ungehemmt die Interessen des eigenen Landes auf Kosten der Interessen aller anderen durchzusetzen, sondern sie sollte im Gegenteil eine Politik sein, die das eigene Interesse als einen wesentlichen Bestandteil des allgemeinen Interesses begreift und die jederzeit fähig ist, sich auch dort zu engagieren, wo sich für sie nicht ein unmittelbarer Vorteil ergibt. Also eine Politik, die sich nach einer «höheren Verantwortung» richtet, die die Komplexität der heutigen Welt und die Globalität ihrer Bedrohung wahrnimmt, eine humane, gebildete, empfindsame, anständige Politik.

Dies bedeutet in keinem Falle das megalomanisch eingebildete Gefühl, wir seien besser als die übrigen, wir würden ihnen zeigen, was sie zu tun haben, und wir seien imstande, alles zu lösen. Im Gegenteil: zu den mentalen Umrissen einer so beschaffenen Politik gehören Bescheidenheit und Geschmack – unter anderen Eigenschaften, die wirkliche Verantwortung immer begleiten. Takt, Gefühl für Maß, Sinn für Realität, Verständnis für den anderen und die Fähigkeit zu realistischer Einschätzung schließen diesen Geist nicht aus, sondern gehen aus ihm hervor. Es ist klar, daß ein Dissident und Intellektueller, wenn er in seinem Arbeitszimmer über das Schicksal und die Zukunft der Welt philosophiert, andere Möglichkeiten, eine andere Stellung, eine andere Art der Freiheit hat als der Politiker, der sich im Raum komplizierter gesellschaftlicher Realitäten einer bestimmten Zeit bewegt und sich ständig mit der unerbittlichen Materie gegensätzlicher Interessen auseinandersetzen muß, die diesen Raum ausfüllt.

Wer sich jedoch der Werte, an die er glaubt und die er anstrebt, sicher ist und wer von sich weiß, daß er sie einfach nicht verraten kann, der ist gewöhnlich auch imstande, wohl zu unterscheiden, welches Maß an Kompromissen er sich bei der praktischen Anwendung seiner Ideale erlauben kann und welches nicht, und wann das Risiko zu groß wird, als daß er es auf sich nehmen dürfte.

Man kann häufig einen oder zwei Schritte vor den anderen sein: Als ich zum Beispiel den tibetanischen Dalai-Lama einlud und das erste Staatsoberhaupt war, das mit ihm zusammentraf, haben viele pragmatische Politiker mir das als Torheit vorgeworfen und mich mit dem mahnenden Hinweis auf China erschrecken wollen. China hat uns wegen dieses Besuchers nicht überfallen, hat noch nicht einmal die Kontrakte aufgelöst, aber den Dalai-Lama haben nach mir noch viele Staatsoberhäupter empfangen. Ein gewisses Risiko war sicherlich dabei, doch ich spürte, daß es im Interesse der guten Sache möglich und richtig war, dieses Risiko einzugehen. Ähnlich behaupteten damals die Pragmatiker, es sei angeblich taktisch nicht richtig, etwas mit Jelzin zu tun zu haben (sein Besuch bei uns war sein erster offizieller Besuch überhaupt, er war damals noch nicht russischer Präsident, die Welt betrachtete ihn reserviert). Auch in diesem Falle zeigte sich, daß sich Anständigkeit schließlich auszahlt.

Andererseits jedoch ist es in der Regel auch nicht gut, den anderen sozusagen zehn oder mehr Schritte voraus zu sein. Man kann damit zwar, das stimmt, eine gewisse Berühmtheit erlangen, aber das Risiko kann um ein Vielfaches die reale Bedeutung der vorgeführten guten Absicht übersteigen. Darüber hinaus geht dabei allzu leicht der «Kontakt mit dem Feld» verloren und damit auch die Möglichkeit, es positiv zu beeinflussen.

Das Gespür, das man braucht, um beurteilen zu können, ob wir uns den anderen genau um jenen einen inspirierenden Schritt im voraus befinden oder ob wir in kraftmeierischem Exhibitionismus mit dem eigenen Schicksal spielen und damit bei anderen nur Widerstand hervorrufen, haben die kühl kalkulierenden Pragmatiker keineswegs gepachtet – denen fehlt es aufgrund ihrer Unempfindsamkeit eher. Das Gespür dafür, was die jeweilige Situation erlaubt, schließt die sittliche Orientierung nicht aus, sondern begleitet sie im Gegenteil eher, ist mit ihr verbunden und geht sogar aus ihr hervor, weil es aus denselben Quellen erwächst wie jenes – aus dem verantwortlichen menschlichen Abwägen, der Aufnahmefähigkeit, dem Dialog mit dem eigenen Gewissen.

Manchmal sagt oder schreibt man von mir, ich sei in meinem außenpolitischen Tun zu sehr Idealist, Träumer, Philosoph, Dichter, Utopist. Ich möchte niemandem seine Eindrücke oder Gefühle absprechen. Ich mache nur darauf aufmerksam, wenn die Tschechoslowakei heute in der Welt wieder respektiert wird, so verdanken wir dies – unter anderem

– einer gewissen grundsätzlichen Anständigkeit und Humanität, mit der hier der Kommunismus gestürzt wurde, und der sittlichen Orientierung unserer bisherigen Außenpolitik.

Ob dieser Respekt noch eine gewisse Zeit vorhält oder ob wir ihn durch unsere Unfähigkeit, unsere häuslichen Probleme vernünftig zu regeln, eines Tages wieder verlieren, ist allerdings eine andere Sache.

VON WELCHER ZUKUNFT
ICH TRÄUME

Häufig denke ich darüber nach, wie wohl unser Land in zehn, fünfzehn oder mehr Jahren aussehen mag, und ich bedaure, daß ich die schweren Jahre, die vor uns liegen, nicht wenigstens für einen Augenblick überspringen und in die Zukunft schauen kann.

Zur dramatischen Schönheit und Anziehungskraft des Lebens gehört allerdings auch seine Unerforschtheit, unsere Unkenntnis von der eigenen Zukunft (außer dem Wissen, daß wir einmal sterben werden).

Also weiß auch ich nichts über die Zukunft unseres Landes. Einiges kann ich abschätzen, einiges ahnen, etwas selbst wollen und um etwas kämpfen. Das ist alles.

Ich will versuchen, ein wenig und nur sehr Allgemeines darüber zu sagen, welche Zukunft ich der Tschechoslowakei wünsche und wofür ich mich gern für sie mit meinen beschränkten Kräften einsetzen würde.

Ich will versuchen, einfach eine Weile zu träumen.

Vor allem hoffe ich, daß sich die allgemeine Atmosphäre unseres Lebens ändert. Daß aus ihr die letzten Reste der Verkrampftheit, Frustration und Gehässigkeit verschwinden, die der Schock der Freiheit in dieser Gesellschaft hervorgerufen hat. Die Bürger werden wieder Selbstbewußtsein und Selbstachtung erlangen, das Gefühl der Mitverantwortung für das, was ist, gewinnen und das Gefühl, daß es Sinn hat, in diesem Land zu leben.

Auch das politische Leben wird sich beruhigen. Wir werden zwei große Parteien haben, schon mit einer gewissen Tradition, eigenem intellektuellem Potential, einem klaren Programm, eigenem sozialem Hintergrund, mit einer Generation neuer, junger und gebildeter Politiker an der Spitze, Politiker, die nicht mehr von der Ära des Totalitarismus deformiert sind. Selbstverständlich wird es auch einige kleinere Parteien geben.

Unser politisches und Verfassungssystem wird ausgereift sein, es wird seine erprobten und unausweichlichen Regeln haben, die gentlemanlike beachtet werden; die Gesetzgebungskörperschaften werden mit Ruhe, Überblick und ohne Nervosität und Eile arbeiten; die Exekutive und überhaupt die ganze staatliche Verwaltung wird unauffällig und entbürokratisiert sein. Die Gerichte werden völlig unabhängig sein und sich allgemeinen Vertrauens erfreuen, es wird auch genü-

gend neue Richter geben. Wir werden eine
kleine (vierzigtausend Mann?) Berufsarmee
mit moderner Ausrüstung haben, ein Teil
von ihr wird einem integrierten europäischen
Oberbefehl unterstellt sein, und kleinere Eli-
teeinheiten werden Bestandteil eines europäischen Friedenskorps sein. Den Respekt
der Bürger wird auch die gutfunktionierende
und höfliche Polizei genießen, dank deren
(aber selbstverständlich nicht nur ihretwe-
gen) die Kriminalität schon lange nicht mehr
so hoch sein wird.

An der Spitze des Staates wird ein grauhaa-
riger, weiser Professor mit dem Charme eines
Richard von Weizsäcker stehen.

Wir werden, kurz gesagt, eine stabilisierte
europäische Demokratie sein, die ihre Identität gefunden und sich an sich selbst gewöhnt
hat.

Wir werden ein stark dezentralisierter Staat
mit einer selbstbewußten örtlichen Selbstverwaltung sein (die Menschen werden
möglicherweise mehr Interesse an den Kom-
munalwahlen als an denen zum Parlament
haben). Die besondere urbanistische Konzeption und das eigene, unverwechselbare
geistige Klima verschiedener Städte und
Städtchen werden der Stolz der örtlichen

Verwaltung sein. Die wird sich nicht ständig beschweren, sie habe kein Geld, und wird es nicht im Eigentum verschiedener Betriebe suchen, sondern wird mit den Einkünften aus den örtlichen Steuern wirtschaften. Vielfältig strukturiert wird auch die Selbstverwaltung oder Verwaltung verschiedener, natürlich und historisch existierender Regionen sein; Mähren und Schlesien werden wieder als Länder bestehen, einschließlich ihrer Parlamente, andere Regionen werden auch ihren (wenn auch schwächeren) Grad der Autonomie haben (Nordböhmen? Ostslowakei?).

Das ganze Land wird überzogen sein von einem reichen und komplexen Netz verschiedener örtlicher, regionaler oder staatlicher Vereine, Organisationen und Vereinigungen, in denen sich die existentielle Schichtung, Farbigkeit und Unterschiedlichkeit des Lebens eines zivilisierten europäischen Landes verwirklichen und entwickeln wird.

Das Leben in den Städten und Gemeinden entledigt sich aller Überbleibsel aus der Ära der totalitären Grauheit, Gleichmacherei, Uniformität, Anonymität und Häßlichkeit und wird menschlich sein. In jeder Straße wird es mindestens zwei Bäckereien, zwei Konditoreien, zwei Gaststätten und viele weitere Geschäfte geben, das alles wird selbstverständlich privat sein, so daß die Straßen und verschiedene Teile der Gemeinden und Städte wieder ihr unverwechselbares Gesicht, ihre eigene Atmosphäre entwickeln können. Es werden wieder natürliche kleine menschliche Gemeinschaften gebildet, wie etwa die einer Straße oder eines Wohnblocks, und die Menschen werden das Gefühl eines Zuhauses neu erfahren; es wird nicht mehr möglich sein, daß man nicht mehr weiß, in welcher Stadt man sich befindet, weil alles gleich aussieht. Es werden weder Siedlungen in Plattenbauweise noch andere gebaut. Statt dessen werden unterschiedliche, baulich solidere und den menschlichen und familiären Maßstäben besser angepaßte moderne Wohngruppen entstehen, neue Viertel von Einfamilienhäusern, Villen und auch neue Mietshäuser. Die historischen Kerne der Städte und die klassischen Vorstädte werden einfühlsam revitalisiert und rekonstruiert – so, daß der spezifische Reiz einer jeden erhalten bleibt, ohne daß die Häuser über den Menschen zusammenstürzen. Daß eine junge Familie eine Wohnung findet, sollte nicht mehr der Höhepunkt jahrzehntelanger Anstrengung der gesamten Verwandtschaft sein müssen. Wenn bei uns ein gegliedertes Netz gegenseitig konkurrierender Baufirmen entsteht, wird mancher sicher überrascht sein, was alles wie schnell möglich ist. Die heutigen Siedlungen werden auf verschiedene Weise belebt werden, umgebaut, oder sie werden im Gegenteil ihr Leben aushauchen, damit an ihrer Stelle, dort, wo so viele Menschen im Laufe der Zeit ihr Zuhause gefunden haben, allmählich etwas anderes wächst, etwas dem einundzwanzigsten Jahrhundert Angemesseneres. Der Mensch gewöhnt sich, wie bekannt, an alles – warum sollte er sich also nicht wieder daran gewöhnen können, daß in Wohnhäusern Geschäfte sein können, daß die Kinder wieder in Parks spielen und daß Straßen und Plätze wieder etwas anderes und etwas mehr sein können als verplanter Raum?

Häuser, Gärten und Gehwege werden sauber sein, gut angelegt und gepflegt, denn alles wird jemandem gehören, und es wird überall jemanden geben, der Grund hat, sich um jedes einzelne zu kümmern. Alle toten Flächen (allein in Prag nehmen sie angeblich mehr als ein Drittel der Gesamtfläche ein!), von denen wir nicht wissen, ob sie Wiesen, Parkplätze, Fabrikhof oder dies alles zusammen sind, werden genutzt werden; entweder werden sie intelligent bebaut, oder sie werden in Parks oder etwas anderes verwandelt. Außer dem ausgebauten grundlegenden Autobahnnetz als integralem Bestandteil des gesamteuropäischen Netzes werden wir gute Straßen haben, neben denen es Alleen geben wird, hin und wieder ein Motel oder eine Raststätte und eine ausreichende Anzahl von Tankstellen verschiedener konkurrierender Firmen. Die Städte werden sich nicht sinnlos nach allen Seiten ausbreiten wie ein Geschwür ohne jedes Gefühl für ein sparsames Umgehen mit der Fläche (und damit auch ohne jedes Gefühl der Achtung vor dem Boden und der Landschaft), weil jeder Quadratmeter wirtschaftlich ausgenutzt wird: Er wird nämlich wieder seinen Preis und einen Eigentümer haben.

Die Gemeinden und Städte werden wieder ihr eigenes Gesicht gewinnen, Kultur, Zivilisiertheit, Geschmack, Sauberkeit und Schönheit. Die Tschechoslowakei wird sich selbstverständlich nicht in die Schweiz oder Holland verwandeln, doch ihr äußeres Antlitz wird mit dem Antlitz dieser Länder vergleichbar sein, so daß wir uns weder vor uns selbst noch vor Ausländern für die Umgebung, in der wir leben, schämen müssen, sondern diese Umgebung wird im Gegenteil Quelle unserer täglichen stillen Freude sein.

Die Bahnen, Kommunikations- und sonstigen Leitungsnetze, das Fernmeldewesen und ähnliche Dinge werden zum Teil staatlich, zum Teil privat sein, doch unter einer gewissen staatlichen Kontrolle stehen, teilweise im Besitz verschiedener Gesellschaften, an denen der Staat Besitzanteile hat. Ich weiß wahrlich nicht, welche Kombination in unserem Falle die beste sein wird, in verschiedenen entwickelten Ländern ist dies unterschiedlich, ich hoffe aber, daß die natürliche Entwicklung und die klugen Überlegungen derjenigen, die über derartige Dinge entscheiden werden, ein optimales Modell schaffen können.

Ansonsten wird alles privatisiert sein, einschließlich der größten Betriebe. Es wird überwiegend Handelsgesellschaften geben, aber auch Genossenschaften, Privatbesitzer und verschiedene andere Eigentumsarten. Der Anteil ausländischer Gesellschaften, Firmen und Unternehmer wird wahrscheinlich groß sein; ohne umfangreiche ausländische Investitionen und Kapitalzufluß wird sich unsere Wirtschaft, wie wir wissen, kaum je erholen. Dies werden Firmen unterschiedlicher Herkunft sein, wir werden also nicht in unerwünschter Weise von einem Land abhängig sein. Die große Privatisierung bewahrt einen ansehnlichen Teil heimischer Eigentümer; in unserer Gesellschaft liegt ein riesiges Potential an Fertigkeiten und Unternehmungsgeist verborgen, und wenn dies völlig vom Ausland verdrängt würde, würde es gewiß erhebliche soziale Spannungen hervorrufen, und es wäre auch nicht gerecht.

Eine Art Blutkreislauf der Wirtschaft ist, wie bekannt, das Geld. Dessen schnellen Kreislauf sollte ein entwickeltes und pluralistisches Netz von Banken und Sparkassen vermitteln. Offenbar wird bei uns schon die einheitliche europäische Währung eingeführt, wenn nicht, dann wird unsere Krone in dieser Zeit konvertibel und fest sein. Selbstverständlich muß bis dahin längst ein gutfunktionierendes Steuersystem installiert sein, Finanzämter, Steuerberater und Steuerfahnder, einfach alles, was zu einem gesunden Finanzwesen unter Marktbedingungen gehört.

Diejenigen, die den Weg für die Marktwirtschaft frei machen, deren wirkliche Vorkämpfer, sind heute unsere ersten Unternehmer, die oft unglaubliche Hindernisse überwinden müssen.

Zu der Zeit, die ich mir hier vorzustellen versuche, wird es bei uns ohne Zweifel schon eine starke und mächtige Schicht nicht nur kleiner, sondern auch mittlerer und wohl auch großer Unternehmer geben. Diese Schicht, die ein wirklicher Motor unseres Wirtschaftslebens sein wird, findet ihre soziale Identität, ihr Gesicht und Selbstbewußtsein. Und sie gewinnt auch den Respekt der Gesellschaft, die wieder völlig verstehen wird, daß Eigentum keine Schande oder gar Laster ist, sondern im Gegenteil eine Verpflichtung und ein Instrument des Dienstes für das Gemeinwohl.

Ihr neues Selbstbewußtsein finden – und das möchte ich hier gern betonen, weil das heute häufig vergessen wird – zusammen mit den Unternehmern, den Arbeitgebern also, auch die Arbeitnehmer.

Je mehr es darauf ankommen wird, wem ein Betrieb gehört und welchen Erfolg er hat, desto mehr wird es auch darauf ankommen, wer in ihm arbeitet und wie er das tut. In den Menschen erneuert und vertieft sich aufgrund dessen die persönliche Beziehung zu ihrer Arbeit und zu ihrem Betrieb, in dem sie arbeiten, und das persönliche Interesse an den Ergebnissen und Schicksalen dieser Arbeit. Sie werden begreifen, daß es nicht gleichgültig ist, was und wie sie arbeiten, daß ihre Arbeit von jemandem, der persönliches

Interesse an ihrer Qualität hat, verfolgt und geschätzt wird, daß überhaupt irgendwo zu sehen ist, daß sie gewürdigt wird, daß sie einfach Sinn hat. Sie machen sich klar, daß sie etwas können, und beginnen, auf ihr Können stolz zu sein, weil sie für dessen Früchte persönlich jemandem verantwortlich sind, der an diesen Früchten persönliches Interesse hat. Die Bedeutung des Handwerks (im weitesten Sinne) und dessen Kultur, der menschlichen Arbeitsamkeit und Fertigkeit wird wieder wachsen, und also auch der Standesstolz derer, die ihr Handwerk beherrschen.

Das vorangegangene Regime hat sich als Herrschaft der Arbeiterklasse ausgegeben, es dabei aber geschafft, die Arbeit so anonym und ihren Wert, ihr Schicksal und ihre Bedeutung so undeutlich zu machen, daß die Arbeiter notwendigerweise das verlieren mußten, was für jeden Menschen so unermeßlich wichtig ist: das Bewußtsein vom Sinn der eigenen Arbeit. Die Ergebnisse ihrerrbeit fielen in eine riesige Grube des einheitlichen staatlichen Wirtschaftens, so daß sie jeden Überblick darüber verloren, ob sie sich nicht zufällig völlig überflüssigerweise anstrengen. Aus den Arbeitern und eigentlich aus allen Bürgern überhaupt wurde eine riesige anonyme «Masse» oder «Masse der Werktätigen», eine Herde von Plan und Norm erfüllenden Robotern, die jedoch nicht die geringste Kontrolle darüber hatten, wie mit den Ergebnissen ihrer Arbeit umgegangen wird. Es wurde zwar ständig von der Arbeit geschrieben (eventuell von «ehrlicher Arbeit»), doch in Wirklichkeit sank die Achtung vor der Arbeit. Arbeit ist immer persönlich, und der Mensch macht sie nur dann gut, wenn er weiß, wofür sie bestimmt ist, worin sie sich verwandelt, daß sie irgendwo zu sehen ist – und nur dann kann er sie auch gern haben.

Vielleicht klingt das für das Ohr eines Menschen, der in der Welt der kommunistischen Ideologie aufgewachsen ist, paradox, doch erst mit der Erneuerung der Marktwirtschaft und der wirklichen Subjektivität der Unternehmen, die auf konkretem und verantwortlichem Eigentum begründet ist, wird auch die Achtung vor der konkreten menschlichen Arbeit erneuert und wird sich das Selbstbewußtsein aller Arbeitenden einschließlich der Arbeiter vertiefen mit allem, was dazugehört und daraus folgt, wie es zum Beispiel die Arbeitersolidarität ist, die Entwicklung einer authentischen Gewerkschaftsbewegung, die Entstehung von Bildungsvereinen und die Vertiefung der gesamten Kultur des Lebens.

Zum Selbstbewußtsein der Arbeitnehmer

und damit zur sozialen Harmonie könnte in unserem Falle ebenfalls – ich weiß nicht, in welchem Maße – die Tatsache beitragen, daß die Coupon-Privatisierung in der Gesellschaft das Gefühl der Gleichheit der Chancen verstärkt: relativ leicht, nämlich ohne die Notwendigkeit, zuvor über Kapital zu verfügen, wird jeder Arbeitnehmer – selbstverständlich in dem Maße und auf die Weise, die seinen Interessen und seinem Willen entspricht – zugleich Arbeitgeber beziehungsweise Miteigentümer konkreter Unternehmen werden können.

Arbeitslose wird es natürlich geben. Es werden jedoch nicht mehr sein, hoffe ich, als unter den Bedingungen der Marktwirtschaft notwendig und unerläßlich (3 Prozent? 5 Prozent?). Der Staat wird konzeptionell, systematisch und präventiv alles unterstützen, womit man der Arbeitslosigkeit entgegentreten kann, von der Schaffung neuer Arbeitsmöglichkeiten und Umschulungsprogrammen bis zu Staatsaufträgen an private Firmen (in einigen Fällen offenbar auch Investitionen in öffentliche Arbeiten). Das alles ist selbstverständlich besser als die bloße Auszahlung von Arbeitslosenunterstützung. Nicht nur, weil es sich – direkt oder indirekt – in neue Werte transformiert, sondern weil man damit auch den unseligen sozialpsychologischen Folgen entgegenwirken kann, die ein Leben von der Arbeitslosenunterstützung mit sich bringt.

Große Veränderungen erwarten auch unsere Landwirtschaft. Über ihre Zukunft wird leidenschaftlich gestritten. Dabei melden sich viele Stimmen zu Wort, die meinen, wir wollten die Landwirtschaft vernichten, weil wir die ehrliche Arbeit der in der Landwirtschaft Tätigen, die uns ernähren, verachteten, ebenso wie die großen Erfolge, die unsere «landwirtschaftliche Großproduktion» errungen hat. Die ehrliche Arbeit der Menschen in der Landwirtschaft verachte ich nicht, weil ich ehrliche Arbeit überhaupt nicht verachte. Und um so weniger habe ich Interesse an der Vernichtung unserer Landwirtschaft. Ich möchte im Gegenteil, daß sie gesund wird.

Das kommunistische Regime hat, von der ideologischen Maxime geleitet, das Dorf müsse sich der Stadt angleichen, die Landwirtschaft als eine einzige, gigantische Industrieanlage konzipiert. Das Land war – bei einem System riesiger Subventionen – zwar relativ gut daran, was den Lebensstandard angeht, doch um den Preis seiner weitgehenden Proletarisierung. Das Dorf hörte auf, Dorf zu sein, und wurde zu einer Art Aufenthaltsraum für Landarbeiter, die Bauern hörten auf, eine persönliche Beziehung zum Boden und zum Vieh zu haben, die Menge des Erzeugten war wichtiger als seine Qualität. Von den Weiden und gepflegten, mit sauberem Stroh ausgelegten Ställen zog das Vieh in riesige Stallanlagen um, wo es in Kojen auf Metallrosten steht und vielfach während des ganzen Lebens nicht einmal die Sonne sieht oder über eine Wiese läuft. Diese Stallanlagen sind darüber hinaus mit irgendeinem Gift angestrichen. Der chemiebeladene Boden ist wertlos, das Unterpflügen aller Raine, die Auflösung aller Gehege und die schwere Mechanisierung führen zur Zerstörung des ökologischen Gleichgewichts, Erdrutschen, zum Austrocknen des Bodens, zu Verwitterung, Pressung und Abtötung, was dann wieder zu überdimensionaler chemischer Düngung und aufwendigem Vernichten von Schädlingen führt, die sonst die von den Feldern vertriebenen Vögel vernichten würden. Die Erträge sind zwar anständig, doch die Produktion ist qualitativ minderwertig, das Fleisch oft giftig. Die unsinnige Zentralisierung (sogenannte Großproduktion) und vielfach auch unnatürliche Spezialisierung haben den Gesamtenergieverbrauch der Landwirtschaft unverhältnismäßig erhöht. Die Menschen in der Landwirtschaft sind dabei von großen und oft völlig monopolistischen Kauf-, Verarbeitungs- und Distributionsorganisationen abhängig, denen sie – ähnlich wie die Verbraucher – ausgeliefert sind.

Ich habe hier selbstverständlich nicht die Absicht zu pauschalisieren, ich weiß von erfolgreichen und ökologisch rücksichtsvollen Genossenschaften, doch nichtsdestoweniger halte ich den gegenwärtigen Zustand für schlecht, und das nicht etwa, weil ich irgend jemandem gegenüber voreingenommen wäre, sondern auf der Grundlage eigener Beobachtung.

Das alles muß sich ändern, und es wird offensichtlich Jahre erfordern. Ich stelle mir jedoch vor, daß in der Zeit, von der ich hier träume, diese große Umstellung unserer Landwirtschaft im Grunde geschafft sein sollte (sie sollte also entschieden nicht die Gestalt eines Wirbelsturms haben, der so über das Land jagt wie einst der Wirbelsturm der Kollektivierung). Unsere ländlichen Gegenden sollten dann aber schon ganz anders aussehen.

Vor allem sollte aus dem Dorf, soweit das möglich ist, wieder ein Dorf werden, selbstverständlich modern und ansehnlich. Das heißt, daß allmählich die natürliche Verbundenheit seiner traditionellen Funktionen wiederhergestellt werden sollte: das menschliche Leben, die Tierhaltung und die Feldwirtschaft. Die Landwirtschaft sollte wieder in der Hand von Bauern sein als Menschen, denen Boden, Wiesen, Gärten und Vieh gehören und die sich darum kümmern. Zum Teil werden das Kleinbauern sein, denen das zurückgegeben wird, was man ihnen einst genommen hat, zum Teil Familienhöfe, zum Teil – und sicher zu einem großen! – kleine Eigentümergenossenschaften oder Gesellschaften (große Genossenschaftskolosse sind nicht funktional, und es ist nötig, sie aufzuteilen und zu transformieren). Es wird ein pluralistisches Netz unterschiedlicher Verarbeitungs- und Verkaufsgenossenschaften geben, in denen ebenfalls Bauern zusammengefaßt sind; es werden private, genossenschaftliche oder andere Organisationen zur Vermietung landwirtschaftlicher Technik entstehen; es wird zweifelsohne auch andere Eigentumsformen geben. Selbstverständlich werden Schlachthöfe, Molkereien, die Verarbeitungsindustrie, das Großhandelsnetz privatisiert. Die Bauern selbst wissen am besten – und die neuen werden es schnell lernen –,

wie das ökologische Gleichgewicht wieder-
herzustellen ist, wie der Boden zu kultivieren
ist und allmählich gesunden kann. Ich glaube
auch, daß ein bestimmter Teil des landwirtschaftlichen Bodens einfach ausruhen, in
Weiden verwandelt und bewaldet werden
sollte; wir haben wenig Wald, und an landwirtschaftlichen Produkten wird es wohl
auch in Zukunft eher einen Überschuß geben.

Unserer Umgebung muß der traditionelle
Maßstab zurückgegeben werden, und es
müssen darin die bewährten gegenseitigen
Bindungen erneuert werden. Das betrifft
nicht nur die einstmals malerische Landschaft, Felder und Wälder, sondern auch die
landwirtschaftlichen Bauten, Kirchen, Ka-
pellen und Martersäulen. Ich sehne mich
nicht, verliebt in alles Alte, nach der Rückkehr in die Zeit meiner Jugend, als die Arbeit
auf dem Feld eine unglaubliche Quälerei dar-
stellte. Es würde mir völlig genügen, wenn
unsere ländlichen Gebiete in zehn Jahren
so ähnlich leben, aussehen und wirtschaften
würden wie heute zum Beispiel die ländlichen Gebiete Dänemarks. (Immer wieder
bin ich schockiert, wie deutlich unsere Westgrenze zu erkennen ist: Auf der einen Seite
ansehnliche Felder, Wege und Pfade, Gärten

56

und dazwischen perfekt instand gehaltene Güter oder Höfe, jeder Quadratmeter gehört jemand Bestimmtem, und es ist die menschliche Fürsorge zu erkennen, die auf der Achtung vor dem Boden beruht; auf der anderen Seite riesige unabgeerntete Feldflächen, Haufen von Chemikalien, ungenutzter oder zerfahrener Boden, vernachlässigte Wege, keinerlei Baumreihen, Wäldchen, nichts. Die Dörfer sind nur Reste von Dörfern, mit irgend etwas bewachsen, was an Fabrikhöfe und Hallen erinnert, überall ist Schlamm dazwischen, hin und wieder – deplaziert wie die Faust aufs Auge – sogenannte Neubauten. Die Landschaft ist geschmückt von gespenstisch glänzenden Silo-Türmen.

Das wohl größte Problem wird die gesamte ökologische Sanierung unseres Landes sein.

Doch auch hier kann man sich – mit ein bißchen Phantasie – vorstellen, daß so manches in zehn, fünfzehn Jahren wesentlich anders aussehen wird. Es sollte mehr Wälder geben, und damit auch mehr Sauerstoff. Es sollte weniger Schwefeldioxid geben und überhaupt weniger Schadstoffemissionen. Wärmekraftwerke, die nicht stillgelegt werden, müßten auf saubere Verbrennungstechnik übergehen (ich habe sie in Schweden gesehen) oder mit Filteranlagen versehen werden. Reduziert wird hoffentlich unsere extensive und sinnlos konzentrierte chemische Industrie. Es gibt Projekte, wie man die sterbenden Wälder retten und die zerstörte Landschaft rekultivieren kann. Ein wenig Mondlandschaft wird es in Nordböhmen noch geben, deren völlige Beseitigung ist eine Aufgabe für viele Jahrzehnte. Was bei Wasserläufen, Abwässern und einer Menge weiterer Dinge zu tun ist, wissen die Ökologen. In der Zeit, von der ich spreche, werden die Veränderungen schon sichtbar sein. Aber ohne Beteiligung des Staates, dessen konzeptionelle Wirtschaftspolitik und eine ökologisch strenge Gesetzgebung wird es nicht gehen. Es ist notwendig, solche Bedingungen zu schaffen, die den Markt einfach zu ökologischem Verhalten zwingen. Es ist nicht möglich, eine Energiewirtschaft und eine Industrie aufzubauen, die die Natur, die Luft und das Wasser zerstören, und danach erst das Geld, das sie einbringen, in die Beseitigung dessen zu investieren, was sie angerichtet haben. Es muß erreicht werden, daß Industrie und Energiewirtschaft eben nichts zerstören, daß also die entsprechenden Firmen qua Gesetz und qua ökonomischer Instrumente gezwungen sind, von allen Möglichkeiten von

Anfang an die zu wählen, die ökologisch am wenigsten gefährlich sind, auch wenn das eine mehrfach höhere Investition bedeuten würde. Der Staat muß systematisch und mit Bedacht alle Möglichkeiten nutzen, die er hat, um die ökonomischen Subjekte zu einem solchen Vorgehen zu zwingen. Wenn er das tut, wird das in zehn Jahren schon sichtbare Resultate hervorgebracht haben.

Mit der Umstellung unserer Landwirtschaft und der ökologischen Politik der Regierung hängt auch die Aufgabe der Erneuerung unserer Landschaft zusammen. Auch das setzt eine Konzeption voraus. Sie zeigt sich in der Wahl der ökonomischen Instrumente, nicht nur durch Bereitstellung weiterer staatlicher Mittel. Zunächst aber muß es eine Konzeption geben. Zu Beginn des nächsten Jahrtausends sollten schon die ersten Spuren zu erkennen sein.

Wie wird die internationale Stellung unseres Landes sein?

Wenn alles gutgeht, werden wir schon ordentliche Mitglieder der europäischen Gemeinschaften sein, unseren festen Platz in der entstehenden gesamteuropäischen Gruppierung haben, wir werden auch schon feste Garantien für unsere Sicherheit haben, wie sie aus dem Sicherheitssystem hervorgehen, zu dem Europa sich bis dahin vorgearbeitet haben wird. Unser neues Zuhause in Europa werden wir daher im wesentlichen erbaut haben. Unsere Unabhängigkeit wird ihren verständlichen Inhalt, Sinn und Kontext haben. Nackt, machtlos, vereinsamt, vergessen, bedroht werden wir uns gewiß nicht mehr vorkommen.

Ján Čarnogurský spricht häufig davon, die Slowakei wolle im zukünftigen Europa ihr eigenes Sternchen oder ihren eigenen Sitz haben. Der europäische Himmel ist weit, und ich sehe keinen Grund, warum an ihm nicht zwei selbständige Sternchen sein sollten, ein tschechisches und ein slowakisches, mögen sie auch aus der Ferne wie ein Doppelstern aussehen. In einer Zeit, in der die europäischen Gemeinschaften wohl schon eine sehr stark integrierte politische Führung haben werden und wir Teil ihrer Währungsunion sind, in einer Zeit, in der über unsere Grenze in beiden Richtungen frei nicht nur Touristen, sondern auch Arbeitskräfte, Kapital und Geld strömen werden, in einer Zeit, in der die Grenzen wirklich nur noch eine formale Angelegenheit sein und wir in vielen Dingen von einer integrierten Gesetzgebung gebunden sein und viele Kompetenzen an übernationale Einrichtungen abgegeben haben werden oder im Gegenteil an einzelne Regionen, in dieser Zeit wird die Anzahl der Sternchen, die wir am europäischen Himmel haben, nicht mehr so wichtig sein, wie es manchem heute erscheinen mag. Doch wenn unsere Bürger das wollen, werden sie das volle Recht haben, ihre Anzahl zu verändern, und dies wird entschieden nicht mehr so viele Klippen, Gefährdungen und Probleme in sich bergen, wie es die Teilung unseres Staates heute bedeuten würde. Um so eher aber glaube ich, daß es nicht sehr klug ist, diese Möglichkeit, wenn sie wirklich so gedacht ist, gerade heute zu betonen. Ein Staat, der sich selbst für zeitweilig und damit seinen Unwillen erklärt, allzulange zu existieren, erweckt nicht gerade großes Vertrauen. Mit einer solchen Devise wird uns kaum jemand als soliden und vertrauenswürdigen Partner wahrnehmen, der hinter dem steht, was er tut, weil er sich seiner Identität sicher und also für sich selbst verantwortlich ist, und schwerlich wird man uns irgendwo aufnehmen. Wenn wir die Trennung aus praktischen Gründen auf später verschieben, dann sollten wir aus denselben praktischen Gründen auch das Reden darüber auf später verschieben.

Ihre geistige, kulturelle und politische Subjektivität haben die Völker in dem Maße, wie sie sie tagtäglich durch ihre einzigartigen Leistungen verwirklichen und demonstrieren. Das gilt auch für Tschechen und Slowaken. Diese unsere Subjektivität ist von der europäischen Umgebung schon lange registriert, wir selbst aber müssen sie durch unser tägliches Handeln einlösen. Über unsere eventuell veränderte staatliche Subjektivität sollten wir erst in dem Moment reden, in dem wir sie wirklich ändern wollen. Das Recht auf eine solche Änderung werden wir doch immer haben.

In diesem Augenblick suchen wir gemeinsam unser neues politisches Zuhause. Nach meiner Meinung sollten wir diese gemeinsame Suche fortsetzen. Wenn es uns gelingt, sie noch zehn Jahre fortzusetzen, bin ich sicher, daß wir ein solches Zuhause auch finden werden.

Die Marxisten haben alles, was nicht materielle Produktion war, zu deren «Überbau» erklärt. Mich persönlich hat eine derartige Aufteilung der menschlichen Dinge in primäre und abgeleitete nie überzeugt. Viele Jahre meines Lebens habe ich in der Teilnahme an der «materiellen Produktion» verbracht, doch hatte ich dabei nie das Gefühl, daß mein Geist, mein Bewußtsein, also das, was mich zum Menschen macht, irgendwie von ihr abgeleitet wäre. Im Gegenteil, wenn ich etwas produziert habe, dann allein als Mensch, also als Geschöpf mit einer Seele und als bewußter Urheber meines Schicksals; es war die Folge der Entscheidung meines menschlichen «Ich», und dieses mein «Ich» mußte sich in diesem oder jenem Maße an der materiellen Produktion beteiligen.

In gewisser Hinsicht wird das gesellschaftliche Bewußtsein tatsächlich von dem vorherbestimmt, was die Marxisten unter gesellschaftlichem Sein verstehen. In anderer – und für mich weitaus gewichtigerer – Hinsicht aber wird im Gegenteil das gesellschaftliche Sein vom gesellschaftlichen Bewußtsein vorherbestimmt. Sogar der Kommunismus mußte erst ausgedacht werden, bevor er verwirklicht werden konnte.

Wenn ich also zum Schluß dieser meiner «Erinnerungen an die Zukunft» darüber nachdenke, wie es in der Sphäre des Geistes zu Anfang des nächsten Jahrtausends um uns stehen wird, dann tue ich das entschieden nicht, weil ich diese Sphäre etwa als «Überbau» auffaßte. Es ist sogar gerade umgekehrt:

Endlich will ich von dem sprechen, was mir als das Wichtigste erscheint.

Alle meine Beobachtungen und alle meine Erfahrungen haben mich zu der Überzeugung kommen lassen: wenn die heutige planetare Zivilisation irgendeine Hoffnung auf Rettung hat, dann liegt sie vor allem in dem, was wir unter menschlichem Geist verstehen. Wenn wir uns nicht gegenseitig in nationalen, religiösen oder politischen Streitigkeiten erschöpfen wollen, wenn wir nicht wollen, daß auf der Erde bald doppelt so viele Menschen wie heute leben, von denen die eine Hälfte Hungers stirbt, wenn wir uns nicht von ballistischen Geschossen mit Atomsprengköpfen hinausschießen oder durch speziell zu diesem Zweck gezüchtete Bakterien ausrotten lassen wollen, wenn wir nicht wollen, daß die einen hoffnungslos hungern und die anderen Tonnen von Getreide ins Meer werfen, wenn wir nicht im Treibhaus der Erdkugel ersticken wollen, wenn wir nicht verbrannt werden wollen von den durch das Ozonloch dringenden Strahlen, wenn wir die mineralischen Vorräte dieses Planeten, ohne die wir nicht auskommen, nicht völlig plündern wollen, wenn wir also all dies nicht wollen, dann müssen wir – als Menschheit, also als Menschen, als bewußte

Wesen mit Seele und Verantwortung – auf irgendeine Weise zur Besinnung kommen.

Ich habe das einmal existentielle Revolution genannt. Ich hatte dabei eine Art allgemeiner Mobilisierung des menschlichen Gewissens, des menschlichen Geistes, der menschlichen Verantwortung, der menschlichen Vernunft im Sinn. Daß ich Bildung, Erziehung und Kultur nicht als bloßen Schmuck des Lebens, der uns Abwechslung in die Freizeit bringt, betrachte, ist unter diesen Umständen wohl verständlich.

Wie sehe ich also unsere Zukunft in diesem Bereich?

Ich hoffe, es wird nicht als ein weiterer Beweis für meinen Kryptosozialismus ausgelegt, wenn ich sage, daß unser Staat – wie arm er auch immer sei – in der Sphäre der Pflege der Geistigkeit und der Bildung nicht sparen sollte. Übrigens sind auch in den entwickeltsten Staaten staatliche Investitionen vor allem auf die Entwicklung der Bildung, Wissenschaft und Kultur gerichtet. Jede Krone, die der Staat dort investiert, bekommt er mit der Zeit tausendfach zurück, auch wenn dies mit bisher bekannten Rechentechniken nicht meßbar ist.

Die Methoden werden natürlich andere sein, den Marktbedingungen entsprechende:

öffentlich kontrollierbar, soweit wie möglich von der Staatsbürokratie gelöst, maximalen Pluralismus sichernd. Neben Subventionen werden Stiftungen, Steuerabschreibungen und -erleichterungen, Fonds, Stipendien, alles mögliche existieren.

Der grundlegende Bereich, auf den es hier ankommt, ist das Schulwesen. Deshalb wenigstens einige Worte darüber.

Wie wird es aussehen?

Ich glaube, in zehn Jahren sollte es schon völlig reformiert und konsolidiert sein.

Es geht verständlicherweise nicht nur um die Renovierung von Schulgebäuden, die Ausstattung mit Lehr- und Lernhilfen, einschließlich Computern und neuen Schulbüchern. Es geht vor allem um eine neue Orientierung. Die Schulen aller Stufen müssen in den jungen Menschen das freisinnige und selbständige Denken pflegen; die Persönlichkeiten der Pädagogen müssen menschlich auf die Persönlichkeiten der Schüler einwirken; das Schulwesen muß humanisiert werden, sowohl in dem Sinne, daß sein grundlegendes Element die menschliche Persönlichkeit des Lehrers sein wird, die um sich herum ein «Kraftfeld» von Inspiration und Beispiel schafft, als auch in dem Sinne, daß in allen

Fächern die technische und fachliche Ausbildung angemessen und weitaus mehr als heute mit allgemein humaner Bildung kombiniert wird. Aufgabe der Schule ist es nicht, irgendwelche «Fachidioten» nach den Bedürfnissen verschiedener Ressorts der Volkswirtschaft zu erzeugen, sondern zielbewußt die individuellen Fähigkeiten der Schüler zu entwickeln und nachdenkliche Menschen ins Leben zu schicken, die imstande sind, sich auch über alle weiteren Zusammenhänge ihres Faches, also gesellschaftliche, historische und philosophische, Gedanken zu machen. Die grundlegenden menschlichen Fragen wie den Sinn unseres Seins, die Struktur von Raum und Zeit, die Ordnung des Weltalls und die Stellung der menschlichen Existenz darin muß heute jeder aufwerfen, der sich ernsthaft und gründlich mit seiner wissenschaftlichen Disziplin befaßt, vom Chemiker über den Mathematiker bis hin zum Zootechniker. Die Schule muß die jungen Menschen auch zu selbstbewußtem Bürger-Sein führen; wenn sich nicht alle für Politik interessieren, wird sie zur Domäne derjenigen, die sich am wenigsten dazu eignen.

Die Hochschulen werden ihre Studenten nicht auswählen; Zugang zur Bildung muß grundsätzlich jeder haben – jeder jedoch muß zugleich damit rechnen, daß er nicht besteht, und auch wenn er besteht und zu Ende studiert, wird sein weiteres Leben vor allem in seinen eigenen Händen liegen, niemand wird ihm automatisch hier oder dort oder überhaupt in seinem Fach Arbeit garantieren. Der Staat wird nicht mehr der Verteiler von Platzkarten sein, die die Aufnahme und Beschäftigung von Hochschülern nach den geplanten Bedürfnissen irgendeines Fünfjahresplanes regulieren. Je mehr Bürger eine abgeschlossene Hochschulausbildung haben, desto besser; auch einem Geschäftsmann, Restaurantbesitzer oder Staatsbeamten würde es nicht schaden, Jura studiert zu haben.

Unser Hochschulwesen wird dezentralisiert sein, bunt, pluralistisch. Die kürzlich gegründeten regionalen Universitäten werden lebendig; jede Schule wird etwas Spezifisches und Unverwechselbares haben, womit sie bestimmte Schüler anziehen wird, zum Beispiel das allgemein bekannte Niveau in irgendeiner Spezialdisziplin oder irgendeines Laboratoriums, ein bedeutendes wissenschaftliches Team oder einen beachtenswerten Pädagogen oder Forscher, der durch seine eigene «Schule» bekannt ist.

Viele unserer Studenten werden im Ausland studieren, kommen zurück und beginnen auf unseren Schulen zu lehren. Dort werden selbstverständlich auch Lehrer aus dem Ausland unterrichten, was im übrigen schon jetzt geschieht.

Von der menschlichen Kultur ist seit Menschengedenken die Sorge um den Menschen selbst, um den Körper, in dem sein Geist haust, um die eigene Gesundheit nicht wegzudenken. Die Kultur der heilenden Fürsorge ist vielleicht ein weniger auffälliger, aber zugleich wohl überhaupt der wichtigste Indikator der Humanität jeder menschlichen Gesellschaft.

Deshalb stelle ich mir schließlich die Frage, wie wohl unsere Gesundheitsfürsorge in jener Art Märchenwelt aussehen wird, über die ich hier nachdenke.

Es sollte im Grunde ein völlig neues Gesundheitssystem aufgebaut werden.

Wie wird es aussehen?

Es wird ein liberales System sein, das bedeutet, daß Patienten und Ärzte die Möglichkeit der Wahl haben. Staatliche und universitäre Gesundheitseinrichtungen werden neben Gemeinde- und privaten, kirchlichen und karitativen Einrichtungen bestehen. Ein großer Teil der Ärzte wird seine privaten Praxen mit eigener Klientel haben, aufgrund dessen wird – unter anderem – die Gesundheitsfürsorge deutlich dezentralisiert sein. Krankenhäuser, Kliniken oder die heutigen Institute für Volksgesundheit werden zum Teil privatisiert, zum Teil staatlich sein, zum Teil werden sie zwar staatlich, aber an privat wirkende Ärzte und ihre Teams vermietet sein. Die gesamte ärztliche Fürsorge wird entbürokratisiert.

Es wird schon ein neues System einer allgemeinen Gesundheitsversicherung funktionieren, das mit der Krankenversicherung verbunden ist. Die Ärzte werden für ihre Dienste über die Krankenversicherung bezahlt (eventuell auch direkt), was bei manchem Mitbürger Sorge auslösen mag. Ich muß daher anmerken, daß auch heute die ärztliche Fürsorge nicht umsonst ist: Wir bezahlen sie alle mit unseren Steuern. Der Unterschied besteht darin, daß wir heute – oder bis vor kurzem – weder Kontrolle über das Geld hatten, das wir bezahlen (wer wußte, was von seiner Lohnsteuer an seinen Zahnarzt und was in den Bau des Kulturpalastes geht?), noch über den Wert der gewährten Leistungen. Wir werden also wie heute bezahlen, nur mit dem Unterschied, daß wir genau wissen werden, wieviel wir bezahlen, wem, wofür und warum. Und den Unwägbarkeiten der Natur, die sich entschließen kann, daß ein Reicher während seines ganzen Lebens nicht einmal Grippe bekommt, während ein Armer mehrere teure Operationen benötigt, muß die Krankenversicherung entgegenwirken.

Das Allerwichtigste aber ist die persönliche Beziehung zwischen dem Arzt und dem Patienten. Der Mensch ist nämlich nicht nur ein Garderobenständer für verschiedene Organe (Nieren, Magen und ähnliches), die ihm Spezialisten am Fließband in Ordnung bringen können (so wie ein Auto in der Werkstatt repariert wird), sondern er ist ein integrales Wesen, in dem, wie man sagt, alles mit allem zusammenhängt, das eine Seele hat und in dem alles irgendwie rätselhaft mit dieser Seele verbunden ist. Deshalb kann uns am besten ein Arzt heilen, für den wir nicht nur anonyme Träger von Organen sind, sondern konkrete, unverwechselbare und ihm bekannte menschliche Wesen, und der dementsprechend an uns herantritt und überhaupt herantreten kann. Krankenhäuser oder Praxen werden weder staatliche Behörden sein, die an die Untertanen Arbeitsunfähigkeitsbescheinigungen und Rezepte austeilen, noch eine staatliche Reparaturwerkstatt für beschädigte Roboter.

Ich glaube, daß von dem Zustand, den ich hier schildere, nicht nur die Patienten träumen, sondern auch die Ärzte.

Viel muß im Bereich der Fürsorge für gesundheitlich betroffene Mitbürger getan werden. Der Staat wird den Unternehmen Vorteile gewähren, die ihnen Arbeitsmöglichkeiten anbieten. Man muß ihnen genügend Hilfsmittel bereitstellen. Es ist notwendig, neue Altenheime und Heime für geistig behinderte Kinder zu bauen; diese Einrichtungen sind häufig in einem erschreckenden Zustand. Viele Aufgaben wird in diesem Bereich die Kirche, viele werden vielfältige private Gesellschaften und Stiftungen, viele werden die Gemeinden übernehmen, und viele wird weiterhin der Staat zu erfüllen verpflichtet sein. Das, was sich jedoch vor allem ändern muß, ist unsere Beziehung zu den körperlich und geistig behinderten Mitbürgern. Bisher haben wir häufig so getan, als ob sie nicht existierten, und haben gleichgültig zugeschaut, wie sie an den Rand der Gesellschaft gedrängt werden.

Ich werde hier meine Vorstellungen und Träume davon, wie es einmal in allen anderen Bereichen, die nicht zur materiellen Produktion gehören, aussehen wird, nicht entwickeln, doch ohne sie ist in der Tat ein würdiges Menschenleben auf der Erde nicht denkbar. Ich könnte nämlich nur zusammenfassen, was wesentlich konkreter tagtäglich viele weise Leute durchdenken. Bisher sind bei uns das Schulwesen, die wissenschaftliche Forschung, das Gesundheitswesen, die Sozialfürsorge und die Kultur schlecht daran. Niemand hat für etwas Geld, vielfach herrscht das Gefühl vor, daß alles zusammenbricht. In einem gewissen Sinne stimmt das. Das gesamte bisherige zentralistische, bürokratische und nicht funktionale System der Unterstützung dessen, was sich nicht selbst finanzieren kann, bricht zusammen. Ein neues System entsteht erst, wird vorbereitet und ausgedacht. Doch es funktioniert noch nicht.

In zehn Jahren wird es funktionieren. Es muß funktionieren. Das ist für uns alle lebenswichtig. Schon mehrfach habe ich bei verschiedenen Gelegenheiten gesagt, daß keines der großen Probleme dieses Landes, von den ökologischen, ökonomischen und technischen bis zu den politischen, schnell und erfolgreich gelöst werden wird, wenn dies nicht von gebildeten, kultivierten und anständigen Menschen engagiert betrieben wird. Grundmaßstab für den allgemeinen Zustand der

Anständigkeit ist dabei, wie die Gesellschaft sich um Kinder, Kranke und Alte und die Machtlosen kümmert. Wie wir uns eben um unsere Nächsten kümmern.

Der Staat ist nichts, was mit der Gesellschaft nicht zusammenhängt, was über ihr schwebt oder außerhalb ihrer, nur irgendein notwendiges anonymes und bürokratisches Übel. Der Staat ist das Werk dieser Gesellschaft, deren Ausdruck, deren Bild, er ist eine Struktur, die sich die Gesellschaft für sich selbst schafft, als Instrument ihrer Selbstverwirklichung. Wenn wir eine gute und humane Gesellschaft schaffen wollen, die imstande ist, ihr Teil dazu beizutragen, daß der Mensch «sich besinnt», müssen wir auch einen guten und humanen Staat bauen. Das bedeutet einen Staat, der das freie menschliche Sein nicht mehr unterdrücken, erniedrigen und bestreiten wird, sondern der im Gegenteil allen seinen Dimensionen dienen wird. Also einen Staat, der unsere Seele und unser Herz nicht in irgendein Kämmerlein eines geduldeten und aus dekorativen Gründen gepflegten Überbaus abschieben wird.

POLITIK ALS
PRAKTIZIERTE SITTLICHKEIT

Eines scheint mir sicher: Obwohl es auf manchen in der heutigen Situation lächerlich oder donquichottehaft wirken mag, ist es meine Pflicht, immer wieder den sittlichen Ursprung jeder wirklichen Politik zu betonen, die Bedeutung der sittlichen Werte und Maßstäbe in allen Bereichen des gesellschaftlichen Lebens einschließlich der Ökonomie, immer wieder zu erklären, daß es um unser Land, wenn wir uns nicht alle bemühen, in uns selbst das zu entdecken oder wiederzuentdecken oder herauszubilden, was ich «höhere Verantwortung» nenne, sehr schlecht steht. Die Rückkehr der Freiheit in eine Gesellschaft, in der alle moralischen Maßstäbe völlig aufgelöst waren, hat zu einer Explosion aller möglichen schlechten menschlichen Eigenschaften geführt. Auch wenn dies wohl unvermeidbar und daher zu erwarten war, so ist das Ausmaß dessen doch unverhältnismäßig größer, als irgend jemand von uns sich das vorher hat vorstellen können. Es ist, als ob die verschiedensten problematischen oder zumindest doppeldeutigen menschlichen Neigungen, über Jahre hinweg unauffällig in der Gesellschaft gepflegt und zugleich über Jahre hinweg unauffällig in die Dienste des tagtäglichen Gangs des totalitären Systems eingegliedert, plötzlich aus dieser Zwangsjacke befreit worden wären und dadurch endlich ihre volle Entfaltung erlangt hätten.

Die bestimmte Ordnung – wenn man das so nennen kann –, die ihnen das autoritäre Regime gegeben (und sie damit zugleich «legalisiert») hat, ist also zerschlagen, doch eine neue Ordnung, die diese Eigenschaften nicht ausnutzt, sondern sie im Gegenteil einschränkt, nämlich eine Ordnung der frei akzeptierten Verantwortung gegenüber dem Ganzen und für das Ganze, ist bislang nicht vorhanden und kann dies gar nicht sein, weil eine solche Verantwortung in langen Jahren erst entsteht und kultiviert wird.

Und so sind wir also Zeugen eines eigenartigen Zustands: Die Gesellschaft hat sich zwar befreit, in manchem jedoch verhält sie sich schlechter als zur Zeit der Unfreiheit. Nicht nur, daß alle Arten der Kriminalität rapide angewachsen sind und in den Massenmedien (ich denke hier vor allem an die Boulevard-Presse) ungewöhnlich schnell jener bekannte Schlamm gebraut wurde, der in historischen Umbruchsituationen immer aus irgendwelchen unbekannten Schichten gesellschaftlichen Denkens hervorschießt, es tauchten aber noch ernstere und gefährlichere Erscheinungen auf: nationale Gehässigkeit und Verdächtigungen, Rassismus, ja sogar auch Anzeichen von Faschismus, gottverlassene Demagogie, Intrigantentum und bewußtes Lügen, Politisiererei, entfesselter Kampf für rein partikulare Interessen, der auf nichts Rücksicht nimmt, Machtstreben und reiner Ambitionismus, Fanatismus unterschiedlichster Art, ganz neue und nie dagewesene Typen von Diebstahl, Mafiawesen, allgemeiner Mangel an Toleranz, an Verständnis für den anderen, an Geschmack, an Sinn für Maß, an Bedachtsamkeit. Und natürlich neuer Ideologismus (als ob der verlorene Marxismus eine beunruhigende Lücke hinterlassen habe, die um jeden Preis mit etwas ausgefüllt werden muß). Es genügt, unsere politische Szene zu betrachten (deren geringe Kultiviertheit nur ein Widerschein der allgemeinen Krise der Kultiviertheit ist): Ein Jahr vor den Wahlen steht fast alles politische Handeln, einschließlich der Debatten im Parlament über sehr wichtige Gesetze, ganz im Schatten des Wahlkampfes, des übertriebenen Machtstrebens und der Bereitschaft, sich dem verwirrten Wähler anzubiedern mit einer bunten Palette schmeichlerischer Unsinnigkeiten; Beschuldigungen, Unterstellungen und Schmähung des politischen Gegners kennen kein Maß; ein Politiker macht die nützliche Arbeit des anderen nur zunichte, weil er einer anderen politischen Partei angehört; das unvoreingenommene und pragmatische Interesse an vernünftigen und allgemein nützlichen Lösungen tritt immer deutlicher hinter Partei- oder anderem Kalkül zurück; Analysen werden aus den Zeitungen zugunsten der Jagd nach Skandalen verdrängt (der Regierung bei etwas Gutem zu helfen und sie zu unterstützen wird schon beinah für eine Schande gehalten, ihr vor das Schienbein zu treten im Gegenteil für ein Verdienst); das Abschießen von Funktionsträgern, die sich zu einer anderen politischen Gruppierung bekennen, wird für eine Selbstverständlichkeit gehalten; der eine beschuldigt den anderen der Intrige, der Inkompetenz, dunkler Absichten und einer dunklen Vergangenheit; überall trifft man auf Demagogie, und sogar so ernste Dinge wie das natürliche Sehnen eines Volkes nach Eigenständigkeit werden zum Gegenstand machtpolitischer Machinationen und bewußten Belügens der Öffentlichkeit. Und viele derer, die – als sogenannte

Nomenklatura – noch bis vor kurzem betrügerisch vorgetäuscht haben, ihnen gehe es um soziale Gerechtigkeit und das Interesse der Arbeiterschaft, haben fast von einem Tag auf den anderen die Maske abgeworfen und sich offen in eine Klasse von Spekulanten und Dieben verwandelt, so daß mancher gestern gefürchtete Kommunist heute ein ganz skrupelloser Kapitalist ist, der demselben Arbeiter, dessen Interessen er früher angeblich verteidigt hat, schamlos ins Gesicht lacht.

Die Bürger sind von dem allen immer deutlicher angewidert, und das wendet sich verständlicherweise gegen die demokratische Macht, die sie selbst gewählt haben, aus der jedoch alle möglichen dubiosen Existenzen ihren Vorteil ziehen und durch solche Einfälle wie zum Beispiel den, die Regierung in die Moldau zu treiben, die Gunst der Bürger zu erlangen trachten.

Das alles ist, kurz gesagt, traurig und deprimierend.

Aber wenn ich – zusammen mit einem Häuflein Freunde – jahrelang mit dem Kopf gegen die Wand gerannt bin, indem ich – umgeben von einem Meer der Gleichgültigkeit – die Wahrheit über den kommunistischen Totalitarismus sagte, gibt es auch heute nicht den geringsten Grund dafür, nicht weiter mit dem Kopf gegen die Wand zu rennen: Ich werde bis zum Überdruß und trotz allen nachsichtigen Lächelns auch weiterhin über die Verantwortung und die Moral angesichts unseres gegenwärtigen gesellschaftlichen Marasmus sprechen, und auch in diesem Falle gibt es keinen Grund, den Kampf von vornherein für verloren zu halten. Mit Sicherheit von vornherein verloren kann nur ein Kampf sein: der, den wir schon vorher aufgegeben haben.

Ich bin selbstverständlich nicht so eingebildet anzunehmen, ich sei der einzige Gerechte in diesem Land. Wenn dem so wäre, dann wäre es wohl wirklich am besten, alles hinzuschmeißen und eine Weltreise zu machen. Ich bin überzeugt davon, daß in unserer Gesellschaft ein großes Potential an gutem Willen schlummert. Es ist nur irgendwie atomisiert, eingeschüchtert, verschreckt und verwirrt von der Situation, gelähmt und ratlos – als ob der gute Wille nicht wisse, worauf er sich stützen, wie er anfangen, wo und wie er sich sinnvoll erfüllen soll. Bei einem solchen Zustand der Dinge ist es allerdings die Pflicht der Politiker, gerade dieses schlummernde oder verlegene Potential zum Leben zu erwecken, ihm eine Richtung anzubieten, Gel-

80

tung zu verschaffen, ihm Selbstbewußtsein
zu geben, reale Chancen zur Verwirklichung,
einfach Hoffnung. Man sagt, das Volk habe
die Politiker, die es verdiene. In einem gewissen Sinne ist dem wirklich so: Die Politiker
sind tatsächlich ein Spiegel der Gesellschaft
und eine Art Verkörperung ihrer Potenzen.
Zugleich aber gilt – paradoxerweise – das
Gegenteil: die Gesellschaft ist der Spiegel ihrer Politiker. An den Politikern nämlich liegt
es in nicht geringem Maße, welche gesellschaftlichen Kräfte sie freisetzen und welche
sie im Gegenteil unterdrücken, ob sie sich
eher auf die besseren stützen oder im Gegenteil auf die schlechteren. Das vorangegangene Regime hat systematisch die schlechte-
sten menschlichen Eigenschaften mobilisiert,
wie Egoismus, Neid und Haß; es war also
nicht nur ein System, das wir verdient hatten,
es war zugleich verantwortlich dafür, wie wir
waren. Mir scheint, daß derjenige, der sich in
der Politik befindet, daher auch erhöhte Verantwortung für den sittlichen Zustand der
Gesellschaft trägt und daß es seine Pflicht ist,
in ihr das Beste zu suchen, zu entwickeln und
zu stärken.

Im übrigen sind auch die Politiker, die
mich durch ihre Kurzsichtigkeit und Eifer-
sucht so häufig ärgern, zum größten Teil

keine Bösewichte. Sie sind eher nur unerfahren, leicht vom Zeitgeist des Partikularismus anzustecken, leicht von modischen Trends zu manipulieren; vielfach sind sie nur von dem unguten politischen Wirbel der Zeit mitgerissen, ohne dies ursprünglich zu wollen und ohne zugleich fähig zu sein, sich aus diesem Sog zu befreien – fürchten sie doch die Risiken, die das mit sich bringen könnte.

Ich gelte als naiver Träumer, der immer wieder das Unvereinbare miteinander vereinbaren möchte, nämlich Politik und Moral. Dieses Lied kenne ich gut, ich höre es mein ganzes Leben lang. In den achtziger Jahren verwandte ein tschechisch-kalifornischer Philosoph nicht wenig Energie darauf, in einer ganzen Serie von Artikeln die «unpolitische Politik» der Charta 77 und insbesondere die Art und Weise, wie ich sie in meinen Artikeln erläuterte, einer vernichtenden Kritik zu unterziehen. Gefangen in den stolzen marxistischen Wahnideen, bildete er sich ein, als Wissenschaftler die Weltgeschichte wissenschaftlich begriffen zu haben, die eine Geschichte der gewalttätigen Revolutionen und harter Machtkämpfe sei. Der Gedanke, daß die Kraft der Wahrheit, die Kraft des wahrhaftigen Wortes, die Kraft des freien Geistes, des Gewissens und der Verantwortlichkeit, die nicht mit Maschinengewehren, dem Hunger nach Macht und politischem Schachern ausgestattet ist, etwas ändern könnte, ging weit über den Horizont seines Verständnisses hinaus. Selbstverständlich: wenn jemand Anstand nur als «Überbau» des Produktionsgeschehens begreift, dann kann er auch nie die politische Macht des Anstands begreifen. Belehrt, daß die Bourgeoisie ihre führende Rolle freiwillig nicht hergibt und es notwendig ist, sie mit gewaltsamer Revolution auf den Müllhaufen der Geschichte zu kehren, war er der Ansicht, daß dies auch mit der kommunistischen Herrschaft nicht anders geht. Es zeigte sich, daß es geht. Es zeigte sich darüber hinaus, daß es nur so geht. Es zeigte sich darüber hinaus, daß es einzig so Sinn hat: Gewalt zeugt, wie bekannt, nur wieder Gewalt, deshalb mußten die meisten Revolutionen zu Diktaturen entarten, die ihre eigenen Kinder auffraßen, um so neue Revolutionäre entstehen zu lassen, die sich auf neue Gewalt vorbereiteten und nicht ahnten, daß sie sich selbst das Grab schaufelten und die Gesellschaft immer weiter in den tödlichen Kreislauf von Revolution und Konterrevolution hineintrieben. Der Kommunismus ist vom Leben besiegt worden, von der Idee, von der menschlichen Ehre. Unsere jüngste Geschichte bestätigt, daß der zitierte Philosoph nicht recht hatte. Ebensowenig haben diejenigen recht, die heute behaupten, die Politik sei vor allem eine Manipulation der Macht, der öffentlichen Meinung, und Moral sei dort fehl am Platze. Politisiererei ist nicht Politik, und Politik durch Politisiererei zu ersetzen ist zwar möglich, aber kaum von dauerhaftem Erfolg: Einer, der politisiert, kann zwar, das ist wahr, leicht für ein paar Jahre Ministerpräsident werden, doch damit hat er auch bereits den Zenit seines Erfolges überschritten, danach beginnt der Abstieg; die Welt wird dadurch auch nicht besser.

Das Politisieren überlasse ich gern anderen, mit ihnen werde ich nicht wetteifern, und schon gar nicht mit ihren Waffen.

Wirkliche Politik, Politik, die diesen Namen verdient, und übrigens die einzige Politik, der ich mich zu widmen bereit bin, ist schlicht der Dienst am Nächsten. Der Dienst an der Gemeinde. Der Dienst auch an denen, die nach uns kommen. Ihr Ursprung ist sittlich, weil sie nur die verwirklichte Verantwortung gegenüber dem Ganzen und für das Ganze ist. Verantwortung, die sie selbst ist – nämlich jene «höhere» Verantwortung – nur deswegen, weil sie metaphysisch verankert ist: Sie erwächst nämlich aus der bewußten oder unterbewußten Gewißheit, daß mit unserem Tod nichts endet, weil alles auf ewig aufgeschrieben und anderswo gewürdigt wird, irgendwo «über uns», in dem, was ich einst das «Gedächtnis des Seins» genannt habe, in diesem nicht wegzudenkenden Bestandteil des Kosmos, der Natur und des Lebens, das die Gläubigen Gott nennen und dessen Urteil alles unterliegt. Es hilft nichts: Gewissen und Verantwortung sind immer Ausdruck der stillschweigenden Anerkennung dessen, daß wir «von oben» beobachtet werden, daß «oben» alles zu sehen ist, daß dort nichts vergessen wird, daß es also nicht in der Macht der irdischen Zeit steht, den Vorwurf irdischen Versagens aus der Seele zu tilgen: Unsere Seele nämlich ahnt, daß sie nicht die einzige ist, die von diesem Versagen weiß.

Was kann ich eigentlich – als Präsident – tun, wenn ich nicht nur diesem Verständnis von Politik treu bleiben, sondern sie auch zumindest zu einem Teilerfolg führen will? (Das erste ist übrigens ohne das zweite nicht denkbar; überhaupt nichts von seiner Politik durchzusetzen hieße früher oder später hinweggefegt zu werden – die würdigere Alternative – oder zu einem tolerierten Sonderling zu werden, der stets dasselbe sagt, ohne daß irgend jemand dies noch ernst nimmt – was nicht nur die weniger würdige Alternative wäre, sondern darüber hinaus de facto eine Form der Selbstaufgabe und Aufgabe seiner Ideale bedeuten würde.)

Wie in allem muß ich auch in dieser Sache immer aufs neue bei mir selbst anfangen. Nämlich: unter allen Umständen mich bemühen, anständig, gerecht, tolerant und verständnisvoll zu sein, zugleich aber unbestechlich und nicht zu belügen, kurz gesagt mich bemühen, mit aller Kraft und dauernd in Übereinstimmung mit meinem Gewissen und meinem besseren Ich zu sein. Immer wieder wird mir geraten, ich solle doch, wie man so sagt, taktischer vorgehen: nicht immer gleich alles sagen, mich hin und wieder leicht verstellen, mich nicht fürchten, mich – mehr, als ich eigentlich möchte – um die Gunst des einen bemühen oder mich – anders, als ich will – von einem anderen distanzieren; im Interesse der Festigung meiner Stellung den Machtgelüsten des einen etwas entgegenkommen, dem anderen hier und da schmeicheln, weil er das eben gern hat, und mich von dem einen oder anderen, die in Ungnade gefallen sind, auch einmal gegen meine Überzeugung lossagen. Hin und wieder höre ich auch eine andere Art von Ratschlägen: Ich muß angeblich härter werden, entschiedener und autoritärer sein, mich nicht scheuen, auch mal auf den Tisch zu schlagen, jemanden anzuschreien und – im Interesse der guten Sache – ein wenig Angst und Schrecken zu verbreiten.

Wenn ich jedoch mir selbst und meinem Verständnis von Politik treu bleiben will, darf ich solche und ähnliche Ratschläge nicht beachten. Und das nicht nur im Interesse einer Art persönlicher Hygiene (die schließlich auch als meine rein private und eigentlich egoistische Vorliebe verstanden werden kann), sondern vor allem im Interesse dessen, worum es mir geht: Geradheit setzt sich nicht durch Lavieren durch, die Wahrheit nicht durch Lüge, der demokratische Geist nicht durch autoritäre Anordnung. Ob ich Erfolg haben werde, weiß ich selbstverständlich nicht. Ich weiß aber, wie ich sicherlich keinen Erfolg haben werde: indem ich Mittel wähle, die den Zielen widersprechen. Das ist nämlich, so lehrt die Geschichte, der direkte Weg zur Aufhebung der Ziele selbst, die eigentlich erreicht werden sollten. Oder: Anstand, Verstand, Verantwortung, Aufrichtig-

keit, Kultur und Toleranz kann man – soll
dies wenigstens eine kleine Chance auf Erfolg
haben – nur auf eine einzige Weise durchset-
zen: anständig, vernünftig, verantwortlich,
aufrichtig, kultiviert und tolerant. Ich er-
kenne an, daß dies nicht gerade die Kriterien
einer pragmatischen Tagespolitik sind. Aber
ich weiß, daß ich in dieser Angelegenheit
einen großen Vorteil vor anderen habe; unter
meinen vielfältigen schlechten Eigenschaften
fehlt eine zum Glück völlig: das Streben nach
Macht oder die Liebe zu ihr. Davon nicht gebunden, bin ich wesentlich freier als diejenigen, denen doch ein wenig mehr an ihrer
Macht oder ihren Funktionen liegt, und ich
kann mir also eher den Luxus erlauben, nicht
taktisch zu sein.

Wenn ich das zusammenfassen soll: den
einzigen Weg sehe ich in jener alten und gut
bekannten Anweisung, «in der Wahrheit zu
leben».

Wie aber macht man das praktisch, wenn
man Präsident ist?

Ich sehe drei grundsätzliche Möglichkeiten:

1. Einiges immer wieder laut sagen. Ich
gebe zu, daß mir das nicht geringe Schwierig-
keiten macht: Ich wiederhole mich ungern,
doch das ist offenbar notwendig. Es bleibt

mir nichts anderes übrig, als bei den unterschiedlichsten öffentlichen Auftritten immer wieder die sittliche Dimension allen gesellschaftlichen Lebens zu betonen, sie immer wieder zu erklären, immer wieder zu zeigen, daß sie eigentlich in allem enthalten ist. Es stimmt: auf welches Problem ich auch in meiner Arbeit stoße, wann immer ich mich bemühe, ihm auf den Grund zu gehen, stelle ich schließlich fest, daß sich hinter ihm ein sittliches Thema verbirgt, sei es menschliche Gleichgültigkeit, sei es der Unwille, einen Fehler, eine Schuld zuzugeben oder eine bestimmte Position und die darauf folgenden Vorteile aufzugeben, oder Neid, unangemessenes Selbstbewußtsein und ähnliches. Ich spüre, daß jenes Potential guten Willens, von dem ich gesprochen habe, immer wieder ermutigt werden muß, sich anständig zu benehmen oder anderen zu helfen oder das allgemeine Interesse dem eigenen voranzustellen oder elementare Regeln des menschlichen Zusammenlebens zu achten; die Menschen wollen öffentlich darin bestärkt werden, sie wollen spüren, daß «die da oben» auf ihrer Seite stehen, sie erfahren darin Bestärkung, Selbstbestätigung, Hoffnung. Der gute Wille sehnt sich danach, gepflegt, geachtet, anerkannt zu werden, er muß, um sich zu entwikkeln und sich geltend zu machen, hören, daß er alles andere als lächerlich ist. Normalerweise gebe ich niemandem konkrete Anweisung, wie er dem Bösen in seiner Umgebung entgegentreten kann, und kann dies auch gar nicht tun – aber die Menschen wollen hören, daß Anstand und Mut Sinn haben, daß es notwendig ist, im Kampf mit dem Schmutz etwas zu riskieren, sie müssen wissen, daß sie nicht allein sind, vergessen und abgeschrieben.

2. Die zweite Möglichkeit, die ich habe und die ich zu nutzen versuche, besteht darin, in meiner Umgebung, also der Welt der sogenannten «hohen Politik», ein gutes Klima zu schaffen, ein Klima der Großzügigkeit, Toleranz, Offenheit, des Überblicks, einer Art elementaren Zusammengehörigkeitsgefühls und gegenseitigen Vertrauens. Es geht um eine Sphäre, in der bei weitem nicht ich allein entscheide, auf die ich aber einen bestimmten – sozusagen psychologischen – Einfluß haben kann.

3. Schließlich gibt es einen ziemlich bedeutenden Bereich, in dem ich – wie umfangreich auch mein persönlicher Einfluß und meine Kompetenzen als Präsident sein mögen – unmittelbar politisch wirke, nämlich bestimmte politische Entscheidungen treffe. Auch in

diesem Bereich kann und muß ich natürlich meine Auffassung von Politik zur Geltung bringen, auch in ihn kann und muß ich meine politischen Ideale, mein Trachten nach Gerechtigkeit, Anstand und Kultur, meine Vorstellung von dem, was ich rein für den Zweck dieses Augenblicks «sittlichen Staat» nennen möchte, projizieren. Ob und wie mir das gelingt, ist allerdings eine andere Sache, das müssen andere beurteilen; ohne Zweifel habe ich mal bessere, mal schlechtere Ergebnisse, bin ich doch – wie alle anderen – nur ein Mensch, der Fehler macht.

Häufig fragen mich Journalisten, besonders ausländische, ob sich die Idee des «Lebens in der Wahrheit», die Idee der «antipolitischen Politik» oder die Idee einer dem Gewissen unterworfenen Politik überhaupt in der Praxis verwirklichen läßt; und ob ich – seit ich in einer hohen staatlichen Funktion bin – nicht vieles von dem, was ich als unabhängiger Kritiker der Politik und der Politiker geschrieben habe, revidieren mußte; ob ich nicht sogar gezwungen war, meine Ansprüche zurückzunehmen, die ich als Dissident an die Politik gestellt habe, Ansprüche also, die nur aus der «Dissidenten»-Erfahrung abgeleitet waren und anderswo als in der Sphäre des «Dissidententums» auch kaum geltend gemacht werden konnten.

Mancher wird mir wohl nicht glauben, doch ich kann – nach anderthalb Jahren als Präsident in einem Land voller Probleme, von denen Präsidenten in stabilisierten Demokratien nicht einmal träumen – verantwortlich sagen, daß ich nicht gezwungen war, etwas von dem zu widerrufen, was ich früher geschrieben habe. Es ist vielleicht unwahrscheinlich, aber es ist so: Nicht nur, daß ich meine Ansicht nicht ändern mußte, ich bin sogar in ihr bestätigt worden!

Trotz aller politischen Armseligkeit, mit der ich täglich konfrontiert werde, bin ich auch heute fest davon überzeugt, daß Politik in ihrem Wesen nicht schmutzig ist; schmutzig wird sie höchstens von unsauberen Menschen gemacht. Ich gestehe nur zu, daß es um einen Bereich der menschlichen Tätigkeit geht, der vielleicht mehr zu schmutzigem Handeln verführt als andere und der daher größere Anforderungen an die Menschen stellt. Aber es stimmt nicht, daß ein Politiker notwendigerweise lügen oder intrigieren muß. Das ist blanker Unsinn, der sehr häufig von denen verbreitet wird, die – aus diesen oder jenen Gründen – den Bürger davon abbringen wollen, sich für allgemeine Dinge zu interessieren. Selbstverständlich: in der Politik – wie im übrigen auch überall sonst im Leben – ist es nicht möglich und hat auch keinen Sinn, jedesmal alles jedem sofort vollständig zu sagen. Das bedeutet aber nicht, daß man lügen muß. Es genügt eines: Takt, Instinkt und Geschmack zu haben. Eine meiner überraschenden Erfahrungen aus der «hohen Politik» ist gerade diese: Geschmack ist wichtiger als alle politische Bildung. Im Grunde ist dies alles eine Sache der Form: zu wissen, wie lange man sprechen soll, wann anfangen und wann aufhören, wie man etwas höflich sagt, was der Partner nicht gern hört, wie man immer das sagt, was zu dem Zeitpunkt gerade wesentlich ist, und nicht über das spricht, was unwesentlich ist und niemanden interessiert, wie man auf seinem Standpunkt besteht, ohne daß der Partner beleidigt ist, wie man eine freundschaftliche Atmosphäre herstellt, die anspruchsvolle Verhandlungen erleichtert, wie man die Konversation aufrechterhält, ohne sich dem Partner aufzudrängen oder in ihm das Gefühl hervorzurufen, daß man ihn ignoriert, wie man es einrichtet, daß ernste politische Themen immer im angemessenen Gleichgewicht stehen mit leichteren und befreienderen Themen, zu wissen, wann man wohin geht oder fährt und wann man lieber nicht geht oder fährt, wann man welchen Grad der Offenheit oder Zurückhaltung beibehält. Aber nicht nur das: es bedeutet auch, einen gewissen Instinkt für die Zeit zu haben, die Atmosphäre der Zeit, die Stimmung der Menschen, den Charakter ihrer Sorgen, ihre mentale Verfassung – auch das ist vielleicht wichtiger als vielfältige soziologische Forschungen. Politologische, juristische, ökonomische, historische und kulturelle Bildung ist für jeden Politiker eine nicht hoch genug einzuschätzende Qualifikation, trotzdem jedoch ist sie, wie ich mich immer wieder überzeuge, nicht das Wichtigste. Die Fähigkeit, sich in den anderen einzufühlen, ihn anzusprechen, Beobachtungsgabe, die Fähigkeit, sich schnell nicht nur in Problemen zu orientieren, sondern auch in menschlichen Seelen, die Fähigkeit, Kontakt anzuknüpfen, Gefühl für Maß sind in der Politik unverhältnismäßig wichtiger. Damit sage ich, Gott behüte, nicht, daß ich selbst über diese Eigenschaften in hohem Maße verfüge, überhaupt nicht! Ich schildere nur meine Beobachtungen.

Zusammengefaßt: Wenn der Mensch das Herz am rechten Fleck und Geschmack hat, dann kann er in der Politik nicht nur bestehen, sondern ist für sie geradezu prädestiniert. Wenn jemand bescheiden ist und nicht nach Macht strebt, ist er nicht etwa ungeeignet, sich der Politik zu widmen, sondern gehört im Gegenteil in sie hinein. Die Voraussetzung der Politik ist nicht die Fähigkeit zu lügen. Es genügt, Gefühl zu haben und zu wissen, wann, wem, was und in welcher Form es zu sagen ist. Es stimmt nicht, daß ein Mensch mit Grundsätzen nicht in die Politik gehört. Es genügt, wenn seine Grundsätze ergänzt werden von Geduld, Umsicht, Sinn für Maß und Verständnis für den anderen. Es stimmt nicht, daß in der Politik nur gefühllose Zyniker, aufgeblasene, freche und ordinäre Menschen bestehen können. Diese alle, das ist wahr, zieht die Politik an. Schließlich haben aber doch Höflichkeit und Wohlerzogenheit ein größeres Gewicht.

Ich glaube, daß diese meine Erfahrungen und Beobachtungen bestätigen, daß Politik als praktizierte Sittlichkeit möglich ist. Daß es nicht einfach ist, darin immer diesen Weg zu gehen, das allerdings bestreite ich nicht, und ich habe auch nie das Gegenteil behauptet.

Aus dem, was ich bisher über mein Verständnis von Politik und meine politischen Ideale gesagt habe, ist wohl ausreichend klar, was ich gern – unter anderem – in meiner politischen Arbeit auf jede nur mögliche Weise betonen möchte: kulturelles Verhalten. Und zwar im weitesten Sinne.

Ich glaube nicht, daß der Staat die Kultur als konkreten Bereich menschlicher Tätigkeit allzusehr subventionieren sollte, und ich teile überhaupt nicht die empörte Sorge mancher Künstler, die heutige Zeit zerstöre und vernichte die Kultur. Die meisten unserer Künstler haben sich unwillkürlich an eine grenzenlose Freigebigkeit des Staates gewöhnt. Der sozialistische Staat hat eine Menge von Kulturinstitutionen und Ämtern subventioniert, es war ihm gleichgültig, ob ein Film eine oder zehn Millionen kostet, ob ihn sich jemand ansieht oder nicht, es war ihm gleichgültig, wie viele Schauspieler ein Theater hatte. Hauptsache, alle wurden bezahlt und bestochen. Besser als der tschechisch-kalifornische Philosoph wußte dieser Staat, wo sich seine größte Bedrohung verbirgt: im Bereich des Geistes. Er wußte nämlich, wen er vor allem durch irrationale Verteilung von Geld ruhigstellen mußte. Daß ihm das immer weniger gelang, ist eine andere Sache, die nur die Berechtigung seiner Befürchtungen bestätigt: Es waren selbstverständlich wieder die Künstler, die – trotz ihrer Bestechungsgelder und Titel – unter den ersten waren, die revoltierten.

Diese nostalgische Klage der Künstler, die sich an die Ära der «sozialen Sicherheit» während des Sozialismus erinnern, rührt mich also nicht. Die Kultur muß sich zum Teil selbst ernähren können, zum Teil sollte sie in der Form von Steuerabschreibungen, verschiedener Stiftungen, Fonds und ähnlichem subventioniert werden, dies sind im übrigen Formen, die am besten ihrer Pluralität und Freiheit zugute kommen (je größer die Pluralität konkurrierender Quellen, desto größer die Pluralität des Schaffens und der wissenschaftlichen Forschung), der Staat sollte – rational, kontrollierbar und wirklich konzeptionell – nur das subventionieren, was für die Erhaltung der nationalen Identität und zivilisatorischen Traditionen des Landes existentiell notwendig ist und was durch bloße Marktmechanismen kaum überleben kann. Ich denke hier an Kulturdenkmäler (nicht in allen Schlössern kann, um diese zu erhalten, ein Hotel eingerichtet werden, auch können nicht in alle Schlösser, um diese zu erhalten, die Adligen zurückkehren), Bibliotheken, Museen, Archive und ähnliche Institutionen, die heute – unter anderen – in einem katastrophalen Zustand sind (als ob das vorangegangene «Regime des Vergessens» geradezu systematisch diese wichtigen Zeugen unserer Vergangenheit ausrotten wollte). Ebenfalls ist kaum zu erwarten, daß die Kirche oder die Kirchen in überschaubarer Zeit genügend Mittel zur Renovierung aller Kirchen, Klöster und sonstiger Gebäude haben werden, die in den vierzig Jahren des Kommunismus verkommen sind und die ebenfalls zum kulturellen Reichtum des ganzen Landes gehören, nicht nur der kulturelle Stolz der Kirchen sind.

Aber dies alles sage ich nur als Einleitung, am Rande und der Genauigkeit halber. Hauptsächlich will ich etwas anderes sagen: Für außerordentlich wichtig halte ich die Sorge um die Kultur nicht als konkrete Tätigkeit unter anderen konkreten Tätigkeiten, sondern um Kultur im wirklich weitesten Sinne des Wortes, nämlich um die «Kultur von allem», allgemeine Kultur. Vor allem denke ich an die Kultur der Beziehungen der Menschen untereinander, der Beziehung des Stärkeren zum Schwächeren, des Gesunden zum Kranken, der Jüngeren zu den Älteren und der Erwachsenen zu den Kindern, der Unternehmer zu den Kunden, der Männer zu den Frauen, der Lehrer zu den Schülern, der Offiziere zu den Soldaten, der Polizisten zu den Bürgern usw. usw. Doch nicht nur das: ich denke dabei auch an die Kultur der Beziehung des Menschen zur Natur, zu den Tieren, zur Atmosphäre, zur Landschaft, zum Dorf, zur Stadt, zum Garten, zum Haus, die Kultur des Bauens, des Wohnens, der Bewirtung, die Kultur des großen Unternehmens und des kleinen Verkaufs, die Kultur der Arbeit und der Reklame, die Kultur der Bekleidung, des Verhaltens und des Vergnügens. Doch nicht einmal das ist alles, im Gegenteil: kaum ist dies vorstellbar ohne juristische, politische und Verwaltungskultur, ohne Kultur der Beziehung des Staates zum Bürger. In all diesen Dingen waren wir vor dem Krieg auf demselben Niveau wie die heutigen prosperierenden westlichen Demokratien, wenn nicht auf einem höheren – und um zu begreifen, wie es um uns heute bestellt ist, genügt es, unsere Westgrenze zu überschreiten. Ich weiß, daß dieser katastrophale Verfall unserer allgemeinen Kultur unmittelbar mit dem Verfall unserer Wirtschaft zusammenhängt, ja zu einem großen Teil direkt durch ihn verursacht ist, dennoch gestehe ich, daß jener mich noch mehr schreckt als dieser; er ist nämlich deutlicher zu sehen, dringt irgendwie «physischer» auf den Menschen ein. Ich kann mir vorstellen, daß es mich als Bürger mehr stören würde, wenn das Gasthaus, in das ich gehe, dreckig ist und man sich grob mir gegenüber benähme, als wenn ich es mir nicht erlauben könnte, jeden Tag dorthin zu gehen und jedesmal die teuersten Essen zu bestellen. Ebenfalls würde es mich weniger stören, daß ich mir keine schöne Villa kaufen kann, als die Tatsache, daß ich nirgendwo schöne Villen sehe.

Vielleicht ist offensichtlich, was ich mit all diesem sagen will: Wie wichtig es auch ist, unsere Wirtschaft auf die Beine zu stellen, das ist bei weitem nicht die einzige Aufgabe, vor der wir stehen. Nicht weniger wichtig ist es, alles zu tun, was möglich ist, um die allgemeine Kultur des Lebens anzuheben. Die Entwicklung der Wirtschaft führt natürlich dazu. Aber man kann sich nicht nur darauf verlassen. Es ist nötig, parallel dazu und sofort ein großes Programm zur allgemeinen Anhebung der Kultur des Lebens zu beginnen. Es stimmt nicht, daß wir damit warten müssen, bis wir reich sind. Man kann augenblicklich damit anfangen, ohne eine Krone in der Tasche. Niemand wird mich überzeugen, daß erst eine besser bezahlte Krankenschwester sich gegenüber dem Patienten anständiger benehmen kann, daß nur ein teureres Haus schön sein kann, daß nur ein reicher

Kaufmann freundlich sein kann und ein schönes Ladenschild haben kann, daß nur ein prosperierender Bauer mit dem Vieh gefühlvoll umgehen kann. Ja, ich würde noch weiter gehen und sagen, daß in vielerlei Hinsicht im Gegenteil die sich vertiefende Kultur des Lebens die Entwicklung der Wirtschaft beschleunigen kann – von der Kultur der Nachfrage über die Kultur des Geschäftemachens bis zur Kultur der Werte und des Lebensstils.

Alles, womit ich imstande sein werde, zu einem solchen Programm der Anhebung der allgemeinen Kultur beizutragen, oder alles, womit ich zumindest mein Interesse an einer solchen Anhebung werde zeigen können, will ich tun, sei es als Präsident oder als was auch immer, weil ich das als einen integralen Bestandteil und logische Konsequenz meines Verständnisses von Politik als praktizierter Sittlichkeit und als angewandter «höherer Verantwortung» empfinde. Geht es doch, schließlich und endlich, um nichts anderes, und worum sollte es allen Bürgern – und daher in doppeltem Maße den Politikern – anderes gehen als einfach darum, daß das Leben schöner, interessanter, bunter, erträglicher wird?

Wenn ich hier über mein politisches – oder besser bürgerliches – Programm spreche, über mein Verständnis von Politik und die Werte und Ideale, für die ich kämpfe oder kämpfen will, dann gehe ich dabei in keinem Fall von der naiven Hoffnung aus, daß ich einen solchen Kampf irgendwann einmal auf der ganzen Linie gewinnen werde. Das Paradies auf Erden, in dem jeder jeden gern hätte, alle opferbereit, anständig und brav wären, die Erde aufblühte, alles schön und harmonisch funktionierte zur Zufriedenheit Gottes, wird es nicht geben. Mit den Utopisten, die dies versprochen haben, hat die Welt im Gegenteil die schlimmsten Erfahrungen gemacht. Das Böse wird immer existieren, menschliches Leid wird niemand ausrotten, die politische Arena wird immer unverantwortliche Abenteurer anziehen, Ehrgeizlinge und Betrüger, ja nicht einmal mit der Zerstörung der Erde wird der Mensch so ohne weiteres aufhören. In dieser Hinsicht habe ich keine Illusionen.

Weder ich noch irgend jemand sonst wird diesen Krieg ein für allemal gewinnen. Wir können höchstens hier und da eine kleine Schlacht gewinnen. Wobei noch nicht einmal das sicher ist. Trotzdem scheint es mir sinnvoll zu sein, diesen Kampf ausdauernd und kontinuierlich zu führen. Über Jahrhunderte hinweg ist er geführt worden und wird noch – wollen wir hoffen – über Jahrhunderte geführt werden. Er muß aus Prinzip geführt werden. Einfach, weil er geführt werden soll. Weil es richtig ist. Oder – wenn Sie so wollen – weil der Herrgott das will. Es ist ein ewiger, niemals endender Kampf. Ein Kampf, den bei weitem nicht nur die braven Menschen (zu denen, das muß gesagt werden, ich mich im Grunde zähle!) mit den bösen führen, ehrenhafte Menschen mit unehrenhaften, Menschen, die an die Welt und die Ewigkeit denken, mit solchen, die nur an sich und diesen Augenblick denken. Es ist ein Kampf, der in jedem Menschen stattfindet. Es ist sogar ein Kampf, der den Menschen zum Menschen und das Leben zum Leben macht.

Wer behauptet, ich sei ein Schwärmer, der die Erde in ein Paradies verwandeln wolle, hat nicht recht. Nur wenige haben so wenige Illusionen wie ich. Ich spüre nur die Verantwortung, mich für das einzusetzen, was ich für gut und richtig halte. Ob es mir hin und wieder gelingt, tatsächlich etwas zum Besseren zu wenden, oder ob es mir überhaupt nicht gelingt, etwas zu verändern, das weiß ich selbstverständlich nicht. Ich lasse beide Möglichkeiten zu. Ich lasse nur eines nicht zu: daß es grundsätzlich keinen Sinn mache, das Gute anzustreben.

Wir bauen unseren Staat neu auf. Das Schicksal hat mich in eine Stellung gebracht, in der ich auf dieses Bauen immerhin einen etwas größeren Einfluß habe als die meisten meiner Mitbürger. Es wäre daher angebracht, etwas von meinen Vorstellungen darüber zu bekennen, was für ein Staat das sein soll. Wenn ich gesagt habe, wie ich Politik verstehe und welche Politik zu machen ich mich bemühe, dann ist es angebracht, daß ich versuche zu sagen, von welcher Vision unseres Staates ich dabei geleitet bin oder, genauer: welche Vision aus einer so verstandenen Politik hervorgeht.

Wir stimmen wohl alle darin überein, daß wir vor allem einen Rechtsstaat und einen demokratischen Staat aufbauen wollen (das heißt mit einem pluralistischen politischen System), einen friedliebenden Staat und einen Staat mit einer prosperierenden Marktwirtschaft. Einige betonen, daß dies auch ein sozial gerechter Staat sein solle, wogegen sich andere sehr energisch empören, weil sie in einer solchen Formulierung gewisse Reste des Sozialismus spüren. Ihrer Meinung nach ist der Begriff «soziale Gerechtigkeit» durch und durch unklar, er könne alles bedeuten, und eine funktionierende Marktwirtschaft könne keine wirkliche soziale Gerechtigkeit garantieren, schließlich seien die Menschen unterschiedlich, was das Maß ihrer Arbeitsamkeit, der Begabung und nicht zuletzt auch das Glück angeht. Es stimmt: Soziale Gerechtigkeit im Sinne sozialer Gleichheit kann eine Marktwirtschaft von ihrem Wesen her nicht garantieren, und etwas Derartiges anzustreben wäre darüber hinaus äußerst unmoralisch (das hat uns unsere sozialistische Erfahrung hinreichend demonstriert). Ich weiß jedoch nicht, warum ein demokratischer Staat, der die Gesetzgebung und den Staatshaushalt in der Hand hat, nicht eine gewisse Gerechtigkeit anstreben sollte zum Beispiel in der Renten- oder Steuerpolitik, bei der Arbeitslosenunterstützung, bei den Gehältern der Staatsangestellten, bei der Unterstützung einsamer alter Menschen, bei gesundheitlich geschädigten Menschen oder bei denen, die sich aus verschiedenen Gründen sozial am Boden befinden. Eine vernünftige Politik in all diesen Bereichen streben, wenn auch auf unterschiedliche Weise und mit unterschiedlichem Erfolg, alle zivilisierten Staaten an, und gewiß haben im Grunde auch die strengsten Wächter der Marktwirtschaft nichts dagegen. So daß es hier, scheint mir, nicht so sehr um einen grundsätzlichen als vielmehr um einen rein terminologischen Streit geht.

Alle diese grundsätzlichen, selbstverständlichen und übrigens recht allgemeinen Charakteristika wiederhole ich hier nur der Ordnung und der Vollständigkeit wegen; mehr jedoch möchte ich schreiben über andere Charakteristika, die vielleicht etwas weniger selbstverständlich sind und über die viel seltener gesprochen wird, die jedoch nicht weniger wichtig sind, schon deswegen, weil sie auf ihre Weise erst all das bedingen und ermöglichen, was für selbstverständlich gehalten wird.

Ich bin überzeugt, daß wir weder einen Rechtsstaat noch einen demokratischen Staat bauen werden, wenn wir nicht gleichzeitig – wie unwissenschaftlich das auch für das Ohr des Politologen klingen mag – einen menschlichen, sittlichen, geistigen und kulturellen Staat bauen werden. Die besten Gesetze und die ausgeklügeltsten demokratischen Mechanismen können für sich genommen noch gar nichts garantieren, weder Gesetzlichkeit noch Freiheit, noch Menschenrechte, einfach nichts von dem, wofür sie bestimmt sind, wenn sie nicht von bestimmten menschlichen und gesellschaftlichen Werten garantiert werden. Wozu sollte ein Gesetz gut sein, das niemand beachtet, das niemand schützt, für das sich niemand verantwortlich fühlt? Es wäre nichts als ein Stück Papier. Wozu sollten Wahlen gut sein, in denen der Wähler nur die Wahl zwischen kleineren und größeren Spitzbuben hätte? Wozu sollte ein buntes Parteienspektrum gut sein, wenn es keiner dieser Parteien um das allgemeine Wohl ginge?

Kein Staat und kein juristisches, politisches und Verfassungssystem ist etwas «an sich», außerhalb der historischen Zeit und des gesellschaftlichen Raums, ist nur irgendein sinnreiches technisches Produkt von Fachleuten wie der Computer oder das Telefon, sondern erwächst immer im Gegenteil aus irgendwelchen konkreten zivilisatorischen, geistigen und kulturellen Werten und Traditionen, die ihm Inhalt einflößen und Sinn garantieren.

Ich bin also wieder dabei: Ohne einen Komplex allgemein akzeptierter, allgemein geteilter und gefestigter Werte, Imperative, Verpflichtungen, Maßstäbe und Ideale wird weder ein Gesetz noch die Demokratie und nicht einmal die Marktwirtschaft funktionieren. Diese Werte sind die Früchte des menschlichen Geistes, geeignet, ihm hervorragende Dienste zu leisten – falls hier allerdings überhaupt ein menschlicher Geist existiert, einer, der will, daß ihm diese Schöpfungen dienen, der sie respektiert, an sie glaubt, ihren Sinn begreift und bereit ist, wenn nötig, für sie zu kämpfen oder ihnen auch etwas zu opfern.

Wieder möchte ich das am Gesetz illustrieren: Es ist ohne Zweifel ein bewährtes Instrument der Gerechtigkeit. Dieses Instrument jedoch hat überhaupt keinen Sinn, wenn es niemanden gibt, der verantwortlich mit ihm umgeht. Wir wissen doch aus unserer eigenen jüngsten Erfahrung nur zu gut, wozu ein Staat und ein relativ anständiges Gesetz in den Händen eines nicht anständigen Richters werden kann und wie leicht nicht anständige Leute demokratische Institutionen zur Einführung von Diktatur und Terror nützen können; das Gesetz an sich und die demokratischen Institutionen an sich retten nur sehr wenig, wenn hinter ihnen nicht der Wille und der Mut anständiger Menschen steht, ihren Mißbrauch zu verhindern.

Vielleicht wirke ich in dieser Frage schon ein wenig ermüdend, doch ich kann mir nicht helfen: ohne guten Willen, Anstand, Vernunft, Sinn für Gerechtigkeit, Verantwortung, Wahrheits- und Nächstenliebe sind alle politischen Regeln und Institutionen ebenso tote und wertlose Gegenstände, wie Computer oder Telefon es ohne den Menschen sind, der mit ihnen umgehen kann. Daß diese Regeln und Institutionen dem Menschen bedeutend helfen können, besser Mensch zu sein, ist selbstverständlich; deswegen sind sie entstanden, deswegen gibt es sie, deshalb errichten wir sie auch. Doch wenn sie uns etwas garantieren sollen, müssen zuvor wir sie garantieren.

Ich glaube, daß es in der heutigen ein wenig chaotischen, nervösen, gehetzten, durch und durch übergangsartigen und vom alltäglichen Wirbel der «Technik des Aufbaus des Staates» geschüttelten Zeit überhaupt nicht schadet, wenn hin und wieder auch das betont wird, wozu diese «Technik» eigentlich dienen soll, nämlich der Sinn des Staates. Und dieser ist und muß wahrhaftig menschlich sein, und das heißt geistig und sittlich.

Ich weiß, daß dies ein wenig altmodisch und pathetisch klingt. Doch was kann ich tun, wenn mir das bisher noch niemand widerlegt hat?

Wie aber wird eigentlich ein «geistiger Staat» errichtet? Wozu verpflichtet ein solches Ziel oder Ideal, und wozu fordert es auf? Was können wir überhaupt in dieser Richtung tun?

Es gibt keine einfache Anleitung. Einen geistigen oder sittlichen Staat kann man leider weder durch eine Verfassung noch durch Gesetz oder Anordnung errichten. Es ist eine sehr anspruchsvolle, langfristige und nie endende Erziehungs- und Selbsterziehungs-, Bildungs- und Selbstbildungsarbeit; es ist dies eine Angelegenheit des ständigen lebendigen und verantwortlichen Abwägens jedes politischen Schrittes, jeder Entscheidung; es ist dies eine Angelegenheit ständig vergegenwärtigter sittlicher Besonnenheit und sittlicher Beurteilung; ständiger Selbsterforschung; nicht endenden Abwägens der optimalen Zusammensetzung der Betonungen. Es ist eben nichts, was sich verkünden oder einführen ließe. Es ist dies nur eine Art und Weise des Handelns und des Mutes, ständig und in alles sittliche und geistige Motive einzubringen, ständig und in allem sie zu kultivieren, ständig und in allem die wirklich menschliche Dimension zu suchen. Wissenschaft, Technik, Spezialistentum, sogenannte Professionalität reichen dazu nicht aus. Es ist etwas mehr nötig. Vielleicht kann man das der Einfachheit halber Seele nennen. Oder Gefühl. Oder Gewissen.

Häufig werden wir heute ermahnt, wir sollten doch die Geschichte nicht noch einmal wiederentdecken oder das Rad neu erfinden wollen. Ich stimme dem zu, soweit es um konkrete Dinge geht. Es hat wahrlich keinen Sinn, das Gesetz von Angebot und Nachfrage, das Prinzip der Aktien, die Mehrwertsteuer, den Grundkatalog der Menschenrechte und Freiheiten, die Selbstverwaltung der Gemeinden, die tausendmal bewährten Elemente der parlamentarischen Demokratie oder das bleifreie Benzin neu zu erfinden.

Ich begreife diese Mahnung auch dann, wo sie sich auf mehr als nur konkrete Dinge bezieht und eine allgemeine politische Botschaft ist, die etwa so formuliert werden könnte: Machen wir Schluß mit der lächerlich aufgeblasenen Vorstellung, die Tschechoslowakei sei der Nabel der Welt, der imstande ist, der Menschheit ein funkelnagelneues politisches und wirtschaftliches System vorzuführen, wie sie es noch nicht gesehen hat und das sie sogleich von uns zu übernehmen trachtet. Auch ich glaube, wir sollten uns nicht einbilden, gerade wir seien in besonderem Maße befähigt, alles anders und besser auszudenken als andere (ich habe mir übrigens schon vor dreiundzwanzig Jahren nicht wenige Feinde gemacht, als ich mich über die damalige Illusion einiger Reformkommunisten lustig machte, wir seien der Nabel der Welt, weil bei uns zum erstenmal der Versuch gemacht werde, den «Sozialismus mit der Demokratie zu verbinden»). So verstanden, zielt der zitierte Satz heute hauptsächlich wohl gegen die Anhänger des sogenannten «dritten Wegs» als einer Kombination von Sozialismus und Kapitalismus. Ich weiß nicht genau, wie man sich einen solchen «dritten Weg» konkret vorzustellen hat, falls damit aber die Kombination von nicht Bewährtem mit Bewährtem angestrebt werden soll, muß ich mich auf die Seite derer stellen, die in dieser Richtung lieber nichts Neues erfinden wollen. Wenn dieser Satz aber als Peitsche dienen soll – und so verwenden ihn hauptsächlich jene, die zu Dogmatismus, Fanatismus, zum Ideologisieren und überhaupt zu möglichst primitiven Ideen neigen –, mit der jedem über die Finger geschlagen wird, der aus diesen oder jenen Gründen nicht restlos alle vorgelegten (heute selbstverständlich westlichen) Muster kopieren will, dann kann ich ihm nicht zustimmen.

Ohne daß ich, wie gesagt, auf der Suche nach irgendeinem «dritten Weg» wäre, bin ich doch zugleich Gegner der blinden Nachahmung, besonders wenn sie sich zur Ideologie verfestigt. Aus einem sehr einfachen Grund: Blinde Nachahmung ist gegen die Natur und gegen das Leben. Aus der Tschechoslowakei werden wir nie die Bundesrepublik Deutschland noch Frankreich, nicht einmal Schweden oder die Vereinigten Staaten von Amerika machen, und ich begreife einfach nicht, warum wir uns darum bemühen sollten. Dann entstünde nämlich die Frage, warum wir eigentlich ein selbständiger Staat sein sollten und in der Schule so bedeutungslose Sprachen wie Tschechisch und Slowakisch lernen und warum wir uns nicht gleich zum einundfünfzigsten Staat der Vereinigten Staaten erklären. Ernsthaft: Das Leben, die Natur, die Gesellschaft und die Welt sind doch eben deshalb so schön und interessant, weil sie bunt sind, weil jedes lebende Wesen, jede Gemeinde, jedes Land, jedes Volk seine eigene, unverwechselbare Identität hat. Frankreich ist einfach anders als Spanien und Spanien anders als Finnland; jedes dieser Länder hat sein eigenes geographisches, soziales, geistiges, mentales, kulturelles und politisches Klima; es ist selbstverständlich gut, daß dem so ist; und ich weiß wirklich nicht, warum wir als einzige uns unsrer selbst so sehr schämen sollten, daß wir nicht die Tschechoslowakei sein wollen. Wir neigen dazu, von einem Extrem ins andere zu fallen: Mal sehen wir uns als Messias, mal schämen wir uns dafür, überhaupt zu existieren. (Das ist allerdings nichts Neues; in der tschechischen Umgebung haben wir diese Bewegungen von der Bombastigkeit zum Masochismus und umgekehrt schon manches Mal erlebt.)

Ich fasse zusammen: Wir haben nicht den geringsten Grund, nicht überall auf der Welt zu lernen, wo uns eine brauchbare Lehre angeboten wird, ich sehe aber zugleich keinen Grund, warum wir uns für uns selbst schämen sollten und dafür, daß wir unseren eigenen tschechoslowakischen Weg, der aus unserer tschechoslowakischen Identität erwächst, gehen und gehen werden. Wir haben auch gar keine andere Wahl. Wir gehen ihn nicht, um die Welt mit unserer Originalität zu bezaubern oder einige unserer Minderwertigkeitskomplexe zu heilen, wir gehen ihn schlicht und einfach, weil es nicht anders geht: Unser Land liegt dort, wo es liegt, seine Landschaft hat ihre eigene Schönheit und ihre eigenen Zerstörungen; seine Ressourcen und seine Produktion sind so und nicht anders strukturiert, hier wird *unsere* Sprache gesprochen, wir haben *unsere* Traditionen, die Menschen hier haben ihre spezifischen Gewohnheiten, die politische Linke und die politische Rechte sind hier so, wie sie sind, und nicht so, wie sie anderswo sind, und wenn wir es noch so sehr wollten, wir werden dies alles kaum ändern. Warum das also nicht als Tatsache hinnehmen? Warum sich nicht bemühen, den inneren Gehalt dieser Tatsache zu begreifen, ihre Möglichkeiten, ihre Probleme und ihre Hoffnungen? Und warum mit ihr nicht so umgehen, wie es ihr am angemessensten ist?

Ich bin ein wenig abgeschweift, doch es war notwendig. Als ich nämlich sagte, wir müssen einen geistigen Staat errichten, mußte ich zumindest flüchtig die Frage berühren, wie eigentlich unsere potentielle Geistigkeit beschaffen ist, falls sie überhaupt ein bestimmteres Gesicht hat. Das Reden über ein solches Thema erforderte zunächst, sich mit der möglichen Beschuldigung auseinanderzusetzen, ich suchte für unser Land etwas so Verwerfliches wie einen «eigenen Weg».

Dabei hat unsere potentielle Geistigkeit wirklich eine eigene Identität, eine, die die

Geschichte geformt hat. Wir leben in der Mitte Mitteleuropas, also an einem Ort, an dem sich seit Menschengedenken alle möglichen politischen, militärischen, ethnischen, religiösen und kulturellen Interessen, Eroberungen und Einflüsse gekreuzt haben. Östliche und westliche, nördliche und südliche, katholische und protestantische, aufklärerische und romantische geistige Strömungen, konservative und fortschrittliche, diktatorische und demokratische, liberale und sozialistische, imperiale und national-befreiende politische Bewegungen oder Tendenzen – das alles prallte hier aufeinander und formte unser historisches und kulturelles Bewußtsein, unsere Traditionen, unser soziales Verhaltensmodell, vererbt von Generation zu Generation, eben unsere Welterfahrung. Über Jahrhunderte hinweg lebten wir – Tschechen und Slowaken, ob im eigenen Staat oder in einem fremden – in einer Situation ständiger Bedrohung. Wir sind ein wenig wie ein Schwamm, der nach und nach die vielfältigsten gedanklichen und kulturellen Impulse und Initiativen in sich aufsog, wir sind der Ort, wo sogar mehr als nur eine europäische Initiative entstanden ist oder geformt wurde. Unsere historische Erfahrung hat in uns zugleich über lange Zeit hinweg eine eigenartige und verstärkte Empfindlichkeit für die Bedrohung, einschließlich der globalen Bedrohung, entstehen lassen und sogar etwas wie Voraussicht: Manche warnende futurologische Vision entstand – nicht zufällig – gerade hier. Die ethnische Farbigkeit dieser Umgebung und das Leben unter fremder Vorherrschaft formte unterschiedliche Arten unserer spezifischen mitteleuropäischen Provinzialität, die sich hier häufig sehr kurios mit jener erwähnten Voraussicht verband.

Unsere letzte große Erfahrung, eine Erfahrung, die keine westliche Demokratie machen mußte, war der Kommunismus. Wir selbst können uns häufig die existentielle Dimension dieser bitteren Erfahrung und alle ihre Folgen, einschließlich der ganz metaphysischen, überhaupt nicht klarmachen. Es liegt nur an uns, wie wir dieses Kapital zu verwerten imstande sein werden.

Es ist entschieden kein Zufall, daß gerade hier, in dieser Umgebung ständiger Bedrohung und dauernder Verteidigung der eigenen Identität, sei es der Person, der Kultur oder des Volkes, die Idee der Wahrheit eine so lange Tradition hat, der Wahrheit, für die man zahlen muß, der Wahrheit also als sittlicher Wert. Reicht doch diese Tradition von

Kyrill und Method über Hus bis zu Masaryk, Štefánik und Patočka!

Wenn wir über dies alles nachdenken, werden wir allmählich die konkreteren Umrisse unserer hiesigen Geistigkeit erkennen. Ihre unverwechselbaren Umrisse. Die Umrisse eines spezifischen existentiellen, sozialen und kulturellen Potentials, das hier schlummert und das – verstanden und gewürdigt – dem Geist oder der Geistigkeit unseres neu errichteten Staates ein spezifisches und unverwechselbares Antlitz geben kann.

Jedes europäische Land hat etwas so sehr Eigenes, daß es sich für es lohnt – auch im Rahmen eines sich integrierenden Europas –, seine Eigenart zu schützen; diese Eigenart bereichert dann die gesamte europäische Umgebung; es ist eine weitere Stimme in dieser bemerkenswerten Vielstimmigkeit, ein weiteres Instrument in jenem einzigartigen Orchester.

Ich fühle, daß unsere potentielle Humanität, die von unseren historischen Erfahrungen geformt ist, unsere potentielle Geistigkeit, unsere potentielle Kultur, unser Erlebnis der historischen Armseligkeit, Absurdität, Gewalt und auch Idylle, unser Humor und unsere Erfahrung des Opfers, unsere Wahrheitsliebe und die Erfahrung ihres vielfachen Verrats, ich fühle, daß dies alles – unter bestimmten Umständen und sofern wir wollen – eine weitere jener unnachahmlichen Stimmen wird schaffen können, aus denen sich der europäische Chor zusammensetzt.

In jedem Falle haben wir etwas, worauf wir uns stützen und an das wir anknüpfen können.

Lernen müssen wir überall dort, wo es möglich ist. Aber auch wir selbst können etwas anbieten: nicht nur das unwiederholbare Klima unserer Geistigkeit, nicht nur die allgemeine Botschaft, die wir aus unserer spezifischen historischen Erfahrung gewinnen, sondern – so Gott gibt – auch die besondere Art und Weise, mit der wir diese Geistigkeit und diese Lehre in die neu gelegten Fundamente unseres Staates einbringen, in die Architektur seiner Institutionen, in das Gesicht seiner Kultur.

Wir haben keinen Grund zu besonderem Stolz, zweifellos sind wir nicht besser als andere. Wir sind aber auch nicht von Natur aus schlechter als die Bewohner stabilisierter Demokratien.

Es geht nur darum, daß wir nach der täglichen erschöpfenden Rekonstruktion unserer Demokratie und unserer Wirtschaft nicht das vergessen, ohne das uns schwerlich auch nur etwas davon gelingt, nämlich die Aufgabe, dauernd sich selbst zu reflektieren und im Lichte dieser Selbstreflexion neu das sittliche und geistige Profil unserer staatlichen Existenz zu suchen.

Ohne dies bleiben wir schon auf Dauer eine geistlose, rückgratlose, ein wenig impotente und deshalb immer hinterherhinkende und ewig komplexbeladene Imitation Belgiens oder Hollands.

Man spricht von der Rückkehr nach Europa. Nach Europa kehren wir am besten zurück, wenn wir im besten Sinne des Wortes uns nicht vor uns selbst fürchten und wenn wir das Lampenfieber vor den eigenen geistigen Leistungen loswerden. Unseren respektierten Platz an der Sonne erreichen wir nicht dadurch, daß wir ständig nur rufen, wir sind Tschechen und Slowaken und wollen respektiert werden, sondern daß wir durch den Inhalt unseres Seins und durch unsere Leistungen auf uns aufmerksam machen.

Unser großes und spezifisches Erlebnis der letzten Zeit ist der Zusammenbruch einer Ideologie. Wir haben alle seine verworrenen Peripetien miterlebt, wir haben es sozusagen bis zum bitteren Ende durchlebt.

In mir persönlich hat dieses Erlebnis meine

schon lange vorhandene Skepsis gegenüber allen Ideologien ungewöhnlich verstärkt.

Ich glaube, daß die Welt der Ideologien und Doktrinen unwiderruflich zu Ende geht – zusammen mit der gesamten Neuzeit. Wir stehen an der Schwelle einer Ära der Globalität, einer Ära der offenen Gesellschaft, einer Ära, in der Ideologien von Ideen abgelöst werden.

Einen geistigen Staat zu errichten bedeutet nicht, einen ideologischen Staat zu bauen. Ein geistiger Staat ist das genaue Gegenteil von einem ideologischen Staat: die Befreiung des menschlichen Wesens aus dem Panzer der ideologischen Interpretationen und seine Rehabilitierung als mündiges Subjekt des individuellen Gewissens, der eigenen – und von der eigenen Existenz garantierten – Gedanken, der individuellen Verantwortung und der völlig unabstrakten Nächstenliebe.

Der Staat – als geistiger Staat – sollte nicht mehr und nicht weniger sein als der Garant der Freiheit und Sicherheit dieser mündigen menschlichen Wesen. Wesen, die wissen, daß der Staat und seine Institutionen etwas immer nur dann garantieren können, wenn sie selbst ihren Staat garantieren werden, wenn sie ihn also als ihr Werk und ihr Zuhause ansehen, als etwas, das sie nicht fürchten müssen, sondern das sie im Gegenteil – ohne Scham – gern haben können, weil sie es für sich selbst aufgebaut haben.

VÁCLAV HAVEL

Am Anfang war das Wort
Texte von 1969 bis 1990. Essay
rororo 12838

Angst vor der Freiheit
Reden des Staatspräsidenten. Essay
rororo 13018

Briefe an Olga
Betrachtungen aus dem Gefängnis
rororo 12732

Fernverhör
Ein Gespräch mit Karel Hvížďala
rororo 12859

Das Gartenfest. Die Benachrichtigung
Zwei Dramen. Essays. Antikoden
rororo 12736

*Die Gauneroper. Das Berghotel. Erschwerte
Möglichkeit der Konzentration. Der Fehler*
Theaterstücke. rororo 12880

Largo Desolato
Schauspiel in sieben Bildern. rororo 5666

Sommermeditationen
Deutsch von Joachim Bruss. 160 Seiten. Gebunden

*Vaněk-Trilogie Audienz – Vernissage – Protest
und Versuchung – Sanierung*
Theaterstücke. rororo 12737

Versuch, in der Wahrheit zu leben
rororo 12622

50 JAHRE ROWOHLT ROTATIONS ROMANE

50 Taschenbücher im Jubiläumsformat
Einmalige Ausgabe

Paul Auster, *Szenen aus «Smoke»*
Simone de Beauvoir, *Aus Gesprächen mit Jean-Paul Sartre*
Wolfgang Borchert, *Liebe blaue graue Nacht*
Richard Brautigan, *Wir lernen uns kennen*
Harold Brodkey, *Der verschwenderische Träumer*
Albert Camus, *Licht und Schatten*
Truman Capote, *Landkarten in Prosa*
John Cheever, *O Jugend, o Schönheit*
Roald Dahl, *Eine Kleinigkeit*
Karlheinz Deschner, *Bissige Aphorismen*
Colin Dexter, *Phantasie und Wirklichkeit*
Joan Didion, *Wo die Küsse niemals enden*
Hannah Green, *Kinder der Freude*
Václav Havel, *Von welcher Zukunft ich träume*
Stephen Hawking, *Ist alles vorherbestimmt?*
Elke Heidenreich, *Dein Max*
Ernest Hemingway, *Indianerlager*
James Herriot, *Sieben Katzengeschichten*
Rolf Hochhuth, *Resignation oder Die Geschichte einer Ehe*
Klugmann/Mathews, *Kleinkrieg*
D. H. Lawrence, *Die blauen Mokassins*
Kathy Lette, *Der Desperado-Komplex*
Klaus Mann, *Der Vater lacht*
Dacia Maraini, *Ehetagebuch*
Armistead Maupin, *So fing alles an ...*
Henry Miller, *Der Engel ist mein Wasserzeichen*

50 JAHRE ROWOHLT ROTATIONS ROMANE

Nancy Mitford, *Böse Gedanken einer englischen Lady*
Toni Morrison, *Vom Schatten schwärmen*
Milena Moser, *Mörderische Erzählungen*
Herta Müller, *Drückender Tango*
Robert Musil, *Die Amsel*
Vladimir Nabokov, *Eine russische Schönheit*
Dorothy Parker, *Dämmerung vor dem Feuerwerk*
Rosamunde Pilcher, *Liebe im Spiel*
Gero von Randow, *Der hundertste Affe*
Ruth Rendell, *Wölfchen*
Philip Roth, *Grün hinter den Ohren*
Peter Rühmkorf, *Gedichte*
Oliver Sacks, *Der letzte Hippie*
Jean-Paul Sartre, *Intimität*
Dorothy L. Sayers, *Eine trinkfeste Frage
des guten Geschmacks*
Isaac B. Singer, *Die kleinen Schuhmacher*
Maj Sjöwall/Per Wahlöö, *Lang, lang ist's her*
Tilman Spengler, *Chinesische Reisebilder*
James Thurber, *Über das Familienleben der Hunde*
Kurt Tucholsky, *So verschieden ist es
im menschlichen Leben*
John Updike, *Dein Liebhaber hat eben angerufen*
Alice Walker, *Blicke vom Tigerrücken*
Janwillem van de Wetering, *Leider war es Mord*
P. G. Wodehouse, *Geschichten von Jeeves und Wooster*

Programmänderungen vorbehalten